二十一世纪"双一流"建设系列精品教材

普通高校高水平运动队训练与管理教程

主　编　杨远波　阴　涛

副主编　陈丛刊　简家俊

西南财经大学出版社

中国·成都

图书在版编目(CIP)数据

普通高校高水平运动队训练与管理教程/杨远波,
阴涛主编;陈丛刊,简家俊副主编.--成都:西南财经
大学出版社,2024.11.--ISBN 978-7-5504-6503-9

Ⅰ.G812.5

中国国家版本馆 CIP 数据核字第 20243AJ916 号

普通高校高水平运动队训练与管理教程

PUTONG GAOXIAO GAOSHUIPING YUNDONGDUI XUNLIAN YU GUANLI JIAOCHENG

主　编　杨远波　阴　涛
副主编　陈丛刊　简家俊

责任编辑:林　伶
助理编辑:陈婷婷
责任校对:李　琼
封面设计:墨创文化
责任印制:朱曼丽

出版发行	西南财经大学出版社(四川省成都市光华村街 55 号)
网　　址	http://cbs.swufe.edu.cn
电子邮件	bookcj@ swufe.edu.cn
邮政编码	610074
电　　话	028-87353785
照　　排	四川胜翔数码印务设计有限公司
印　　刷	成都金龙印务有限责任公司
成品尺寸	185 mm×260 mm
印　　张	8.25
字　　数	157 千字
版　　次	2024 年 11 月第 1 版
印　　次	2024 年 11 月第 1 次印刷
书　　号	ISBN 978-7-5504-6503-9
定　　价	29.80 元

前　　言

- -

　　1987 年，为探索体教结合培养高水平运动员模式，推动普通高等学校体育工作的全面发展，原国家教委、原国家体委在我国高校开始试办高水平运动队。2023 年，全国有 207 所高校具有设立高水平运动队资格。经过 30 余年的探索和实践，我国高校高水平运动队建设取得明显成效，充分发挥了高水平运动队在强化学校体育改革发展中的龙头作用。当然，高校高水平运动队还存在发展目标不明确、布局不平衡、招生与管理不规范等问题，直接影响了高校高水平运动队的整体质量和总体效益。党的二十大明确提出加快建设体育强国的任务要求，体育系统要深刻认识这一重大任务和历史使命，充分发挥体育在全面建设社会主义现代化国家中的综合价值和多元功能，不断取得新的更大的成绩。普通高校高水平运动队作为体育系统的组成部分，应以高度的社会责任感、坚定的历史使命感，深入学习贯彻党的二十大精神，扎根高校，踔厉奋发，勇毅前行，吹响新时代普通高校高水平运动队建设发展的"冲锋号"，奋力谱写高校高水平运动队建设新篇章。

　　本教材坚持以习近平新时代中国特色社会主义思想为指导，进一步提升新时代高校高水平运动队的科学化训练水平和管理能力。本教材以运动训练学、运动生理学、运动心理学和管理学等理论和实践方法为基础，是一本既有一定理论深度又有实际运用价值的高水平运动队教程。本教材分为两大部分：第一部分主要包括运动训练理论、原则和具体操作方法，以及运动员技术和战术能力训练、体能训练、运动智能等；第二部分主要包括体育事业管理和高校高水平运动队管理的理论与实践。本教材编写团队成员全部来自西南财经大学，主要为高水平运动队教练和体育事业管理博士。编写人员既具有丰富的运动训练和比赛实战的经验，又在国内体育管理学领域具有一定影响力。其中，第一部分由简家俊、张堰玲、赵强、方威、何亮、孙巨杉、沙临博、施泓宇、刁永辉、张锐、周婷婷、李春晖和王戈编写；第二部分由陈丛刊、付磊和蔡兴林编写，全教材由杨远波和阴涛统稿。

本教材采用运动训练和管理学相结合、理论与实践相结合、训练和比赛相结合的编写方式，旨在为高校高水平运动队建设提供理论和实践建议。由于编者时间和能力有限，本教材还需要不断完善，不足之处请各位教练员、学者及其他广大教材使用者批评指正。

编者

2024 年 5 月

普通高校高水平运动队训练与管理教程

目　录

第一章　竞技体育 ……………………………………………………………（1）

　　第一节　竞技体育的定义 …………………………………………………（1）

　　第二节　竞技体育的构成 …………………………………………………（1）

　　第三节　现代竞技体育的特点 ……………………………………………（2）

　　第四节　竞技体育的价值 …………………………………………………（3）

第二章　运动训练 ……………………………………………………………（7）

　　第一节　运动训练的定义 …………………………………………………（7）

　　第二节　运动训练的目的 …………………………………………………（8）

　　第三节　运动训练的特点 …………………………………………………（9）

第三章　现代运动训练理论 ………………………………………………（12）

　　第一节　项群训练理论 …………………………………………………（12）

　　第二节　周期训练理论 …………………………………………………（14）

　　第三节　板块周期训练理论 ……………………………………………（15）

　　第四节　高原训练理论 …………………………………………………（16）

　　第五节　运动训练的人文教育 …………………………………………（17）

第四章　运动训练原则 ……………………………………………………（19）

　　第一节　竞技需要与区别对待原则 ……………………………………（19）

　　第二节　系统训练与周期安排原则 ……………………………………（20）

　　第三节　适宜负荷与适时恢复原则 ……………………………………（22）

　　第四节　导向激励与健康保障原则 ……………………………………（23）

第五章　运动训练的具体方法 ································ (26)

第一节　分解训练法 ································ (26)

第二节　完整训练法 ································ (28)

第三节　重复训练法 ································ (29)

第四节　间歇训练法 ································ (30)

第五节　持续训练法 ································ (32)

第六节　变换训练法 ································ (34)

第七节　循环训练法 ································ (35)

第八节　比赛训练法 ································ (37)

第六章　运动技术能力及其训练 ································ (39)

第一节　运动技术概述 ································ (39)

第二节　训练理念的构成与特性 ································ (41)

第三节　训练理念的发展 ································ (47)

第四节　运动技术训练的方法 ································ (49)

第五节　运动技术训练的要点 ································ (52)

第七章　运动员战术能力及其训练 ································ (54)

第一节　战术的分类 ································ (54)

第二节　战术训练方法 ································ (56)

第八章　运动员心理能力与运动智能 ································ (58)

第一节　运动员心理能力及其训练 ································ (58)

第二节　运动智能及其训练 ································ (62)

第九章　体育事业管理 ································ (66)

第一节　体育事业 ································ (66)

第二节　体育管理 ································ (67)

第三节　体育事业管理 ································ (69)

第十章 高校高水平运动队管理 ·· (75)

第一节 社会体育和谐发展的战略措施选择 ························· (75)

第二节 高水平运动队管理需要注意的问题 ························· (80)

第三节 高校高水平运动队管理的经验与建议 ····················· (83)

附录 ··· (86)

参考文献 ··· (118)

3

第一章
竞技体育

- -

第一节　竞技体育的定义

竞技体育的英文为"sport"，来自拉丁语"deportare"。"sport"最初是指"在户外根据体力进行的充满欢乐的行为"，包括射击、骑马、打猎等活动，后来演变成具有竞技性质的文化娱乐活动的总和，并逐渐传播到世界各地。

我国学者对竞技体育的基本理解是：竞技体育属于体育活动范畴，以最大化地追求运动成绩、最大极限地发挥能力、突破并创造优异成绩、在运动竞赛中力争胜利为其具体表现形式。

竞技体育是在全面发展身体的基础上，极限地发掘和发挥人的体力、心理素质、智力等多方面潜力，以创造运动技术顶峰和创造最佳运动成绩为目的的一种活动。竞技体育是制度化、体系化的竞技性活动，有悠久的历史，以击败对手并获取价值利益为终极目标，由正式合法组织的运动群体成员或代表参与，通过体育运动竞赛来显示参与者体力和智力等多方面的综合能力，对参与者的责任和分工做出明确划分的规则。

第二节　竞技体育的构成

从各种运动实践来看，运动员的选材、运动员的训练、运动员的竞赛和竞技体育的管理为竞技体育的四个组成部分。

1

一、运动员的选材

运动员的选材是竞技体育活动的初期工作，是指选择有运动天赋和运动潜力的储备人员参加运动训练。运动员在选材时，应充分考虑运动项目的特点，合理使用科学的测试方法和手段，提高运动员选材的成功率。

二、运动员的训练

运动员的训练是指为了提高运动员的能力和成绩，组织运动员在教练员的指导下进行有效的体育活动。运动员的训练是竞技体育的主要组成部分，也是通过有效训练来实现运动目标的重要途径。

三、运动员的竞赛

运动员的竞赛是在公平公正的环境下，在相同的规则要求下，运动员个体或团队之间的运动较量，与竞技体育和社会发展相关。运动员通过训练提高的竞技能力，只有通过体育竞赛的形式来表现，方能得到社会的认可、符合社会的需求。

四、竞技体育的管理

运动员的选材、运动员的训练、运动员的竞赛，都必须在指定的组织管理机构的管理下才能实现预期的效果。因此，竞技体育的管理亦是竞技体育的重要组成部分。

这四个部分是组成竞技体育的必要条件，一环扣一环，呈逐渐递进的关系，不可缺少任何一个环节。

第三节　现代竞技体育的特点

现代竞技体育具有以下特点：①能充分调动和发挥运动员的体力、智力、心理素质等多方面的潜力；②具有激烈的竞赛及对抗性；③具有较高的体力和技能要求；④遵守规则，具有国际性，成绩能获得大众认可；⑤娱乐性；⑥观赏性；⑦具有教育意义，竞技体育能发展并普及全民健身，发现更多更好的体育苗子，提高青少年的参与积极性。

目前国际上开展的竞技体育项目都是社会历史发展的产物。700 多年前在古希腊时代，就已经出现了赛跑、举重、投掷、角力等项目，现在的竞技体育项目已经有数百种之多，如田径、足球、篮球、排球、游泳、举重、体操、羽毛球、乒乓球、自行车等。各地区还有自己所特有的民族传统项目，如中华武术、东南亚地区的卡巴迪等。竞技体育的发展与当地的政治、经济、文化、科技等相关。同时，随着社会的进步与发展，竞技体育越趋成熟和规范，由于各种项目的更新及普及，关注和参与竞技体育的人也在增多，各种项目都能良性发展，呈现出百花齐放的格局。

第四节　竞技体育的价值

为了我国经济更好地发展，国家进行了大力发展经济的区域战略部署。区域经济是指在一定的地域内多种生产要素有机结合形成的经济体系的运行方式，是国家宏观经济调控的重要组成部分。竞技体育是促进社会发展必不可少的重要力量之一，对国家的经济发展、社会进步发挥着重要作用。竞技体育与区域经济的发展有着密切的联系，研究竞技体育在区域经济发展中的作用，对区域经济的发展及中国经济的总体发展有着十分重要的现实意义。

3

一、竞技体育对区域经济发展的直接促进作用

（一）发展竞技体育有利于促进区域经济总量的增加

竞技体育的产业化发展为区域经济的发展提供了新的平台。在竞技体育的产业化发展过程中，发达国家已经走在我们的前面。20世纪80年代，英国竞技体育的产值为68.5亿英镑，超过了汽车和烟草行业，为政府创造税收24亿英镑，为社会提供了37万多个就业职位。在日本，竞技体育使体育用品的市场不断扩大，其规模跃居世界第二位。据统计，20世纪80年代末，日本体育用品消费市场的总额已攀升全1.6万亿日元，且每年以5%左右的速度继续增长。20世纪80年代末，美国体育产业的总产值已经超过了石油化工业、汽车业、航空业，以及木材加工业等重要的工业部门。

我国的体育产业和发达国家相比，还处于较为落后的状态。据统计，我国体育产业1992—1996年的总收入为16亿，占国内生产总值（GDP）的比重还很小；1997年体育产业增加值仅占GDP的0.576%，占第三产业的比例也只有1.79%；1998年我国体育产业增加值为183.56亿元，占GDP的0.2%。2021年我国体育产业总规模（总产出）首次突破3万亿元，产业增加值为1.22万亿元，在同期国内

生产总值中的比重为 1.07%。可喜的是，体育产业作为一个全新的产业概念，已经成为世界上最具前景的朝阳产业，"花钱买健康"渐成时尚，体育产业渐成规模，产业内容也在逐步拓宽，且发展速度也有所加快。政府已经认识到发展体育产业的重要性并明确提出，要积极引导居民增加娱乐、体育健身和旅游的消费，拓宽体育产业服务领域。近些年来，随着我国经济的快速增长和全面建成小康社会，体育产业已成为第三产业中的一支重要力量，具体表现在以下两个方面：

1. 体育运动的发展可促进体育消费

随着人民生活水平不断提高，恩格尔系数不断降低，居民健康意识逐步提升，我国形成了巨大的体育市场。根据统计，我国居民用于体育健身的消费开支每增加 1%，能带动 GDP 增长 1.5%。面对良好的势头，我国很多地区已经意识到体育产业的市场潜力并积极采取相应的运作措施。据统计，2002 年我国体育产业增加值占同期 GDP 的比重达到 1.07%，已成为助力经济增长、推动经济社会转型升级的重要力量。

2. 发展体育运动亦能带动和促进相关产业的需求和发展

因为体育运动具有竞赛、健身、休闲、娱乐的特点，所以它能够较为直接地推动商业、旅游、餐饮、交通、电信、新闻等相关行业的发展，从而吸引大家亲身体验体育运动或者观赏体育竞赛，通过人们主动的消费获得较为可观的经济收入。

（二）发展竞技体育有利于促进当地的基础设施建设

纵观举办过国际重要赛事的各个城市，不难发现国际重要赛事把一个城市的基础建设水平推进了至少 5～10 年。事实证明当今世界上不管是全球性的、洲际性的比赛，还是国内的、省内的大型赛事或单项的重要大赛，都能加快该城市的基础设施建设进程，尤其道路交通、城市绿化、宾馆、饭店、旅游设施、体育场馆等的建设。基础设施建设不仅能直接带动区域经济的巨大增长，还可以改善该城市的软环境，从而吸引更多的投资商，更好地推动区域经济的可持续发展。从 1990 年的第 11 届亚运会到 2008 年的北京奥运会，各种大型赛事使得北京及周边地区的基础设施建设有了突飞猛进的进步，体育的发展对北京及周边地区区域经济的可持续发展的贡献是显而易见的。

（三）发展竞技体育有利于为当地创造更多的就业机会

随着我国的经济发展水平以及居民健康意识的提升，人们对体育运动的需求也越来越大，人们对体育运动的终端消费品——体育运动产品的需求量也越来越大。人们对体育运动产品的需求，必然会增加其产量。体育运动产品的生产一般为劳动密集型的产业，如运动服装、鞋类、器材类的生产及体育旅游等，都需要大量的劳动力。发展体育产业能解决就业问题，对缓解社会的就业压力具有重要的现实意义，这也就带动了区域经济的可持续发展。

（四）发展竞技体育有利于扩大区域内外的经济合作与交流

竞技体育是一种需要大量的人流、物流、信息流相交集的运动，是国内外经济、文化合作与交流的纽带。发展竞技体育，不但可以吸引新的资金、技术、人力、管理经验和设备，而且可以使一些质量过硬但知名度不高的产品通过媒体的宣传而进入国内市场，或走向国际市场。比如郑州举办"国际少林武术文化节"，就通过竞技体育这个媒介，加强了经贸合作，提升了区域经济合作水平。

二、竞技体育对区域经济发展的间接促进作用

（一）竞技体育对提高人口素质的促进作用

1. 竞技体育对人的教育作用

竞技体育对人的思想形态及价值观的形成有很大的影响力。竞技体育中的公平竞赛、理性竞争、平等合作等行为规范孕育了参赛者公正公平的价值理念和竞争精神。竞技体育正是通过人们在各种竞技体育活动中所体验到的诸多体育精神而助其建立并完善积极理性的人生观和价值观，从而形成社会的主流价值观。竞技体育项目中的各种规则充分体现了社会的法治精神和平等公正的观念，其本身所包含的情感活动、美学体验以及真实感彰显了人文素养和人文精神。在参与竞技体育的过程中，个人社会差别感消失，从而孕育了公平的社会环境，大大地缓解了人们观念和行为模式上的各种冲突。竞技体育使人们获得了正确的价值观，更有利于实现人们身心和谐发展。由于区域内人们的基本素质的提高，该区域经济的发展获得了更强大的推动力，即竞技体育间接地促进了该区域经济的良性发展。

2. 竞技体育对居民体质和生活方式的影响

健康是人力资本中最基础的要素，是知识、技能创造价值的基础，大众体育为社会的健康资本积累提供了必要保证，并创造着社会潜在财富，从而间接地促进该区域经济的良性发展。目前老龄化问题已成为区域经济发展的一个隐形障碍，给福利事业和社会保障带来沉重的负担，为此每年都需要较大的财政支出来缓解老龄化问题，而大众体育的积极开展可减少中老年人的患病率，从而减少财政支出。

（二）体育对提升区域文化环境质量的促进作用

区域文化环境是指城市中的社会成员在道德风尚、思想观念、价值观念、人际关系、思维方式等方面所表现出来的特性和行为模式。区域文化环境与人们的生活方式、生产活动相互作用、相互影响。竞技体育作为重要的文化活动，对区域文化环境的形成有明显的影响。区域中体育活动主体的长期性、广泛性影响能促使体育的精神内涵辐射到人们的观念中并形成一种社会价值取向，营造出积极、健康、文明、理性的地域社会氛围。人们可以通过参与竞技体育活动使自身的心理状态得到有效改善，形成健康和稳定的心理状态。参与竞技体育活动的主体是体育文化精神价值的实现者、受益者、传播者，提升了该区域文化环境的质量，改善了区域的投资环境，增强了区域的发展活力，从而促进了区域经济的有效发展。

综合上述，竞技体育对我国区域经济发展的促进作用是明显的。大力发展体育事业可以促进区域经济总量的增长、完善基础设施的建设、创造更多的就业机会及扩大区域内外的经济合作与交流，与此同时还可以提升区域内人口的综合素质和文化环境质量，所有这些都直接或间接地促进了区域经济的有效发展。在国家大力发展经济的今天，政府应重视竞技体育对区域经济发展的诸多贡献，推动区域内的学校体育、竞技体育、大众体育发展，建立促进体育事业发展的体制机制，以发挥竞技体育在我国区域经济发展中的强大力量，推动我国经济发展。

第二章
运动训练

- -

第一节　运动训练的定义

　　一般认为，运动训练是竞技体育活动的组成部分之一，是为了提高运动员的竞技能力和比赛成绩，在相关指导人员的帮助下，专门的、有规划的体育活动[①]。

　　运动训练与运动成绩存在正相关关系，运动员通过运动训练，可以提升竞技能力，这是取得优异运动成绩的重要保障。运动训练活动的有效性评价以是否提高运动员的竞技能力为重要标准。运动员通过运动训练获得符合参加相关运动竞赛的实力，并在运动竞赛中将已获得的竞技能力转化为运动成绩。

　　教练员和运动员是运动训练活动开展的要素，教练员在运动训练活动中起主导作用，而运动员则是运动训练活动的主体参与者，两者是教的主导与学的主体的关系。但在实际运动训练过程中，依据运动员的年龄结构特点和自身水平高低，高水平运动员既是主导也是主体。一般而言，教练员是各阶段训练计划的制订者和训练活动的组织实施者与指导者，运动员既要在教练员的指导下参与训练实践活动，也要在成长的过程中随着认知能力的变化，在达到相应认知水平和实际竞技能力后与教练员一起规划、安排自己的训练活动，并主动对训练活动、比赛过程进行实际控制。

　　运动员的竞技水平和比赛成绩的提高有着可依的规律。只有遵循运动员身心的发展规律，熟练掌握相应的训练规律，科学地制订并认真执行运动训练计划，才能使运动员通过运动训练活动在竞赛中取得满意的成绩。

---

① 田麦久. 运动训练学［M］. 北京：人民体育出版社，2002.

第二节　运动训练的目的

运动训练的目的是使运动员通过有周密计划和相对集中的训练完成指定的目标，提高竞技能力，继而获得良好的比赛成绩①。运动训练是运动员达到最佳竞技状态的准备过程。运动员的竞技状态可以部分地体现在运动成绩之中，但不能绝对地以运动成绩作为判断运动员竞技状态的依据，因为运动成绩受多方面因素干扰。

运动训练以发展相关专项能力为目标，这些能力与运动员在运动训练中完成的训练任务密切相关，包括综合身体素质、专项身体素质、技术能力、战术能力、心理及运动智能、健康管理、运动损伤防护及相关运动项目的理论知识储备。教练员需要根据运动员的年龄、运动习惯、生活经验、运动天赋，运用个性化的训练方法和手段，帮助运动员获得上述各项运动能力。

综合身体素质，也称一般身体素质，是所有体育运动训练的基础。发展综合身体素质的目的是改善运动员的基础身体能力，如耐力、力量、速度、柔韧性、协调性等。运动员良好而稳定的综合身体素质是进行高水平专项运动训练的保障，可使运动员发挥出更大的运动潜力。

专项身体素质是开展专项运动所需要的生理或身体素质。专项身体素质训练是为了满足特定运动项目的需要，是对符合项目特征的关键运动能力的有机组合。

技术能力训练以发展技术能力为核心，技术能力是获得运动成绩所必需的条件。技术能力训练是围绕完善特定运动项目所必需的专项运动技能进行的，以综合身体素质和专项身体素质发展为基础，以完善技术动作、优化专项运动技能为目标。

发展战术能力在训练过程中极为重要。战术能力的训练是为了完善比赛策略，增加运动员在竞技对抗中的获胜概率。该项训练任务多以对竞争对手的战术研究为基础。

良好的心理及运动智能是确保其他竞技能力发挥作用的必需要素，心理及运动智能训练也称个性发展训练。

在运动训练过程中，应当充分重视运动员的健康状况。健康管理可以通过定期的体质监测和适当的训练安排来实现，而在运动训练过程和生活中的伤病和疾病应给予重点关注。

---

① 田麦久. 运动训练学 [M]. 北京：人民体育出版社，2002.

预防运动损伤的最佳方式是确保运动员已经具备相应的身体能力，并形成了参加严格训练和比赛所必需的生理特性。疲劳控制是降低损伤概率的关键。

理论知识储备是指在运动训练过程中应当充实运动员在训练、计划、营养和能量再生等方面的生理学、心理学知识。基本的运动项目和训练过程的知识储备可以提高运动员的认知能力及对训练过程本身的关注程度，以更好地完成训练目标。

第三节　运动训练的特点

一、训练目标的专一性与训练手段的多元性

运动员要参与特定运动项目的训练和比赛，其参与运动训练的目标就是在特定的专项比赛中获得胜利且创造优异的运动成绩，具有鲜明的专一性特点。各运动项目对运动员竞技能力的要求不一，而每名运动员的竞技能力和特点也不尽相同。虽然运动员有可能在几个性质相近的运动项目上取得较好的成绩，但很难甚至不可能在几个性质大相径庭的运动项目上都取得傲人成绩。因而从运动员选材开始，就必须有意识地把运动目标的专一性特点纳入运动员后期培养计划中，并依据专项训练的需要安排训练内容。

实践证明，保持和提高运动成绩的最好办法是持续进行大量的基本练习，从比赛情境中提炼出运动内容并加以训练。对于专项训练来说，一定要强调训练的重复性和训练负荷量的有序增加，其间不能混淆性质不同的运动刺激。研究表明，对运动员身体起一般性和多方面作用的负荷要素转化为运动能力的时间较长；相反，对运动相关的机体起专项作用的各类要素能较快地转化成运动能力。简言之，对从事某一特定运动项目的运动员来说，运动能力和身体素质的训练必须与运动项目的比赛特点吻合，这样才能获得更好的成绩。因此，运动员在专项比赛中所需求的运动能力只能通过自身的有针对性的专项训练得到，高水平运动员在进行身体素质练习时应缩减辅助练习的种类和数量。

运动训练项目和内容虽然具有专一性，但并不排斥其他有利于各专项竞技能力提升的训练方式，要结合特定运动项目的特点和运动员的既往训练经历、比赛经验，认真分析各种练习内容和促进手段提高专项运动能力的实际效果，包括直接作用和间接作用、长期作用和短期作用，以便选择多种运动训练方法和手段提高运动员的专项竞技水平，使其取得优异成绩。无论何种运动项目，在发展过程中都必然要与社会进行各类信息沟通，这样不仅可以从其他项目中吸收对自己有用的理论，也可

把自己总结的普遍和特殊的训练理论与方法传递给其他运动项目。项群理论的提出为信息沟通提供了较好的渠道。

二、竞技能力结构的整体性与各子能力之间的互补性

不同项目运动员的竞技能力组成有自己的鲜明特点，但不论是何种项目，运动员的竞技能力都是由体能、技能、战术能力、心理及运动智能等构成的。各项目运动员的主导竞技能力及次级竞技能力，各以恰当的发展标准、相应的结构秩序组合在一起，共同构成了运动员在专项竞技中的综合能力。同时，各子能力之间彼此促进，也彼此制约，发展较好的优势子能力还可在相应领域对表现相对不足的劣势子能力发生代偿机制。如耐力好而速度差的中长跑选手力求在前半程拖垮速度快、冲刺能力强的对手；速度慢但观察能力强、脚法出众的中场球员在对手重兵围抢之下能迅速找到队友的合理位置，并准确传出最能威胁对方防线的致命球。

运动训练学中的"双子模型"，是对运动员竞技能力发展的良好概述。"木桶模型"注重不同竞技能力的全面性发展，追求平衡、协调，可视为补短，对竞技能力结构中发展滞后的各项子能力，及时地给予相应的提升，以提高运动员综合竞技水准。"积木模型"阐明了竞技能力结构的非平衡特点与补偿机制，追求充分发挥运动员的特长竞技能力，可视为扬长。"木桶模型"与"积木模型"体现了整体竞技能力和各子能力间的不同关系，两者反映了运动员竞技能力的不同构成特点，分别适用于同一个运动员的不同训练阶段和不同的运动员。在训练实践中，应依据运动员自身特点有选择地使用，通过竞技能力各要素之间的代偿机制，促使运动员整体竞技能力的提升。

三、运动训练过程的连续性与组织实施的阶段性

一个有效的运动训练过程，不论其时间跨度多长，是年训练周期还是周训练周期，运动员在每一个阶段的状态，都是前一阶段状况的延伸以及后一阶段状况的先行。一天、一个星期或更久的大负荷训练，会对运动员之后的训练和竞赛状况产生深刻影响，而训练时间的中断也同样会引起运动员竞技能力状况的起伏变化。运动员训练中这种延时和制衡的特点，称作连续性。

与此同时，任何连续的运动训练过程又都必然分为很多不同的训练阶段。每个阶段的训练任务、内容、方法、手段以及负荷，都有自己的特点，这些特点使其显著有别于其他阶段，得以相对独立存在。尽管这些阶段看起来是人为区分的，但这种区隔必须与运动训练本身的发展相吻合，才能取得理想效果。

四、不同训练负荷影响下机体的适应性及劣变性

人类对于生存环境有着不断增强的适应能力。运动训练中外加于运动员的负荷压力，能促使人体功能产生变化，使运动员在下一次面对压力时能更好地承受，这就是运动员对各项训练产生的生物适应现象。当负荷保持在一定范围内，机体的应对刺激以及随之产生的一系列改变，也会保持在一个适当的范围内。这时负荷越大，对机体的刺激越深远，所引起的应激反应也越剧烈，机体产生的相应改变越显著，人体竞技能力提高得越迅速。

负荷的适量增加能够促使运动员竞技水准明显提高；但当负荷超过运动员的最大承受能力时，运动员的机体便会出现劣变现象。这种劣变现象会对运动员竞技能力的提高产生负面的影响，甚至会迫使一名极具潜力的运动员过早结束自己的运动生涯。

五、训练调控的必要性及应变性

运动训练过程是一项有组织的社会性活动，因此，需要对其进行必要的社会化监管。其中，对运动训练施加全方位的科学控制，制订周密的训练计划，是执行科学化训练、获取理想训练效果的重要步骤。而在正式比赛中和运动训练的不同阶段，训练和比赛因受到各种影响可能产生意料之外的改变，本已制订的训练计划和对训练和比赛的安排都需要重新调整，以力求实现原定训练效果。而在内在和外在条件产生重大改变、原定目标已不可能有效实现时，就应调整训练目标及相应训练环节。

六、现代科技支持的全面性及导向性

竞技体育与运动训练有着多元化的联系。管理科学、人文社会科学、医学、力学、化学、数学与计算机科学都对运动训练有着深刻影响。不同的学科、科技理论、科技思想、科技方法与仪器器材都能在竞技体育领域发挥各自的影响和作用。运动训练活动的直接任务的完成，即运动员各种竞技能力（包括身体能力、技术能力、战术能力、心理能力和心理及运动智能）的提高，都在很大程度上借助于现代科学技术的辅助。随着运动员竞技水平的提高，机体各器官、各系统的作用及它们彼此间的配合不仅达到了较高的水准，而且也趋近了生理极限。进入较高竞技阶段的运动员，其竞技能力的提升空间不断缩小，对训练负荷的精确度量与训练形式的多样化需求显著增长，竞技比赛成绩的提高与运动损伤间的尖锐矛盾日渐激烈。此时，只有依靠前沿的科学理论与技术，才能使运动员各方面的潜在要素得到激活和发展，从而促使比赛成绩提升。

第三章
现代运动训练理论

第一节　项群训练理论

一、项群训练理论的源起

早期研究认为，运动训练理论由一般训练理论和专项训练理论构成。一般训练理论适用于各种运动项目的普遍规律，是在高层次上提炼并指导运动训练实践活动的理论系统；专项训练理论紧密结合专项训练实际操作，探索适用于专项训练活动需要的指导性的理论问题以及具体的可应用于实践的训练形式。

虽然一般训练理论和专项训练理论能够在一定程度上帮助我们区分和理解运动训练的大致类属，但随着运动训练实践日新月异的发展，这一体系在研究众多竞技运动项目共同规律的过程中很难甚或不能对不同项目所具有的多样化类别和特征进行分类和概括[①]。因此，田麦久等人探析了不同运动项目的固有属性所引起的项目间的差异，将运动项目的类属集合命名为"项群"，并将项群训练的基本理论命名为"项群训练理论"。这些不同竞技项目的差别滥觞于竞技运动的发展历程、竞赛规则、社会期待等方面。这些差异的存在表明，对不同项目的种类特点进行探析，既能比一般训练理论更加深刻且精确地反映同类项目的特点，又可在专项训练理论的基础上有所进步，并能加强这两种理论的互融。这将会极大地充实运动训练的理论成果，从而助推运动训练实践的发展。

田麦久教授及他的团队依据运动项目的主要特征将运动项目分为以下几个项群：技能主导类表现难美性、技能主导类表现准确性、技能主导类格斗对抗性、技能主

---

① 田麦久. 运动训练学［M］. 北京：人民体育出版社，2002.

导类隔网对抗性、技能主导类同场对抗性、体能主导类快速力量性、体能主导类速度性、体能主导类耐力性等。同时，他们进一步分析了每一类项群运动员的竞技能力决定因素、运动成绩决定因素及该项群运动员的训练特点，使不同项群之间运动训练的不同特点和同一项群不同项目之间的特点得以明晰地展现出来。

二、项群训练理论的基本内容及意义

尽管现代运动训练的理论日新月异，但其主要研究对象还是训练目标、训练内容、负荷量度和训练的管理及组织等。不同训练理论都担负着从各自角度解答以上问题的任务。除此之外，各项群的形成和发展也应作为项群训练理论的研究内容。我们可以把项群训练理论的基本内容概括为以下四方面：①各项群的形成与发展；②各项群竞技能力决定因素的系统分析；③各项群运动成绩的系统分析；④各项群训练的基本特点（负荷内容与量度、训练的组织与控制）。

项群训练理论鲜明地概括了同一项群不同项目之间的共同规律。以项群为基本单位去理解和提炼同类属竞技项目的共同特点，既能够通过远大于一个单项运动实践的视野、在一个较高的层次上把握几个或几十个单项运动共同的训练规律，又不会因受到其他类属项目不同特点的约束，而使得一个项群的共有规律无法显现出来。各个项群的专题研究及综合的理论研究从不同项群的构成、竞赛及训练等多个方面揭示了某个项群独有的基本特点。例如，在赛前布置和练习阵型是同场对抗性项群的共同特点之一。

项群训练理论强化了运动训练理论与实践的关联性。运动训练理论具有鲜明的应用价值和实用价值，它的任务之一就是把许多基础理论知识综合起来，并应用在运动训练的实践中。项群训练理论致力于训练学理论原有两个理论的融会贯通。项群训练理论的建立和应用，在一般训练理论和专项训练理论之间建立了联系。它既是一般训练理论的外延，又是对专项训练理论的开拓。项群训练理论把原有两个单独的理论联系在一起，使得运动训练理论要素更多元化，理论体系逐渐完备，从而助推运动训练理论的创新和运动训练实践的发展。

第二节　周期训练理论

一、周期训练理论的提出

20世纪以来，竞技体育高水平训练实践在运动竞赛的职业化、商业化、全球化的影响下不断创新发展。无论是在高水平竞技比赛中，还是在日常重复的运动训练中，一些始料未及的训练问题不断涌现。传统训练理论无法应对新时代背景下的新难题，运动训练理论创新势在必行。

众所周知，训练的重要目标是促进运动员的生物适应机制的产生，使其在年度、季度、月度主要比赛中达到较佳的能力状态，并取得理想的运动成绩。为完成这一目标，运动员的周期性备战状态应有所提高，才能使其保持高水准的竞技状态。因此，为了更好地完成既定训练计划，训练周期的合理安排就成为整个训练的关键。周期这一概念来自英语的"period"，指时间的区隔阶段。现代周期理论将训练时期分成几个计划阶段，也就是不同训练阶段。周期理论历经近一个世纪的发展，为运动训练理论体系的构建和运动训练实践的推进作出了应有贡献。

1965年，苏联运动训练专家列奥尼德·P. 马特维耶夫（Lenoid P. Matveyev）根据苏联运动员在1952年赫尔辛基奥运会之前有关如何训练的问卷调查，同时参考了历史学家关于人类发展的时期和阶段的周期理论，发表了关于年度训练计划模式的文章。这是最早提出周期概念并将其运用在运动训练实践中的理论资料。然而，马特维耶夫的训练计划模式只适用于年度仅出现一个顶峰的比赛周期，显然无法满足现代运动竞赛日趋频繁的需求。因此，随着周期理论的发展，制订的训练计划应随时调整，尽可能满足那些在一年内要参加多次比赛的运动员的需要。

二、周期训练理论的应用

周期训练理论依据人类有机体在生理范畴和社会活动方面具有周期性的变动规律，长期以来，被广泛地运用于运动员各种运动竞赛的训练中。一方面，周期训练理论将年度训练计划分成几个较小的训练阶段，使其更易规划和管理，确保运动员在当年的主要比赛中保持最佳竞技状态。另一方面，周期训练理论将训练周期划分为不同训练阶段，并在不同阶段发展运动员的不同身体能力，尽可能地提高运动员的速度、力量、耐力、灵敏度、柔韧性及运动心理素质。这两方面包括了运动训练实践中的层级分类、训练周期、一般训练与专项训练准备、训练量与强度的变化，以及短期、中期、长期计划的基本训练方法。

大多数运动项目的训练周期可用年度训练计划来概括，主要分为三个阶段：准备阶段、比赛阶段和过渡阶段（恢复阶段）。准备阶段和比赛阶段因具体的目标不同，可分为两个子阶段。准备阶段可根据不同的训练特性，分为一般准备阶段和专项准备阶段。专项准备阶段的任务是根据具体运动项目的特点发展运动员的专项能力。比赛阶段可以进一步细分为赛前阶段和比赛阶段。年度训练计划中包含了大周期和小周期，每个训练阶段都为实现年度训练计划目标服务。

第三节　板块周期训练理论

一、板块周期训练理论的提出

传统周期训练理论将运动项目的整个赛季分成多个较小的训练周期和单元，奠定了现代运动训练理论的基础。但日益频繁的高水平比赛，对运动员专项能力的要求不断提高，传统周期训练很难适应多赛事、快赛事的竞技需求，运动员需要突破周期化的训练套路，实现短时期爆发，以获取优异运动成绩，板块周期训练理论应运而生。板块周期训练理论涉及专项化周期板块的用法和排序，将高密度的训练工作集中在某几种能力和技能上，强调对某些决定比赛成绩的关键身体部分进行有选择性的连续训练，而不像传统周期理论那样注重许多运动技能的同步发展。

20世纪80年代，板块周期理论在一些杰出教练员和专家学者的推动下被定义为一种高度专项化和集中式训练负荷的周期训练模式，即由几个训练要素汇合成一种具有专项价值且相互间密切联络的单位。阿纳托力·邦达尔丘克（Anatoly Bond-archuk）是最早运用这种训练理论取得优异成绩的教练员之一。他指导的三名链球运动员在1988年首尔奥运会上分别获得金、银、铜牌。由此，邦达尔丘克创立了三种专门的板块周期类型：发展板块，即训练负荷要求渐次提升到最大；竞赛板块，即训练负荷要求获得平稳发展，运动员集中练习满足比赛需求的相关能力；恢复板块，即运动员积极休息调整，为将来的赛事做好身心准备。

二、板块周期训练理论的实践

对于解决在运动训练实践中难以同步发展多种素质的高度指向性负荷这一矛盾，

板块周期训练是一种更好的选择。虽然对于任何运动项目来说，运动员拥有多种竞技能力是无可厚非的，但对于板块周期理论而言，这些能力应依次连续发展而不是同步发展。因此，中周期板块的概念就被运用到运动训练实践之中。它根据运动员机体的形态、组织的生物学改变需要大约 2~6 周这样一个比较长的时期，将中周期板块分为积累、转换和实现三种目标类型。积累，致力于提高运动员基本的运动能力，如一般有氧耐力、肌肉力量、一般动作技术；转换，集中提高与专项运动相关的素质，如有氧耐力、无氧耐力、专项肌肉耐力和专项技术；实现，在赛前备战关键阶段，集中进行比赛情境训练，进行赛前超量恢复使运动员获得最大耐力。这 3 个中周期板块以一场比赛为独立训练阶段，一系列的独立训练阶段又构成了年度大周期。

　　板块周期理论在实际运用中，出现了"训练痕迹效应"的概念，它是指阶段训练停止后，由系统训练引起的身体变化在超出一定时间后的延续效应。举例来说，如果运动员在发展一种能力的同时却失去了另一种能力，就必须考虑在获得这种能力后训练效果的持续时间，以及当训练中断后该能力丧失的速度。换言之，若要采纳板块周期理论，我们必须知道每种训练的痕迹效应。当运动员的运动能力从同步发展变为序列发展后，训练痕迹和中断训练的时间等方面的知识变得尤为重要。当停止发展一种专门的能力时，我们应该事先知道这种能力可以多长时间保持在"高效"的水平上，该信息是决定板块周期训练的适宜顺序和时间安排的关键要素。

第四节　高原训练理论

一、高原训练理论的发展

　　高原训练实践始于 20 世纪 50 年代。当时，苏联在外高加索建立了一个高原（海拔达 1 800 米）训练大本营，对中长跑运动员进行了试探性训练。20 世纪 60 年代，为筹备 1968 年墨西哥奥运会（墨西哥位于海拔 2 240 米的高原），地处平原的国家选择相近的海拔高度（1 500~2 000 米）对运动员进行适应性训练。赛前，部分国家又提前到墨西哥对运动员进行高海拔地区的适应性训练，高原训练理论由此进入人们的视野。此后，各国对高原训练进行了深入的探究与效仿实验，欧美部分国家在某些重要国际比赛前对参赛运动员进行高原训练更是成了惯例。如今，美国、德国、日本、西班牙等国家的运动员不仅进行高原训练，还进行"仿高原""模拟高原"和"低压舱"训练。目前，进行高原训练的运动项目包括田径、游泳、足球、篮球、手球、摔跤、乒乓球、自行车、皮划艇、滑冰、滑雪等。

二、高原训练理论的应用

高原训练方法是指有规律、有组织地将运动员安排到适宜的海拔高度地区进行阶段性训练的方法①。高原训练已经是绝大部分耐力项目顶尖水平的运动员训练计划中不可或缺的部分。高原训练方法的恰当运用，能够有效地促进运动员运动能力和实战水准的快速提升。一般来说，海拔较低时训练效果不甚显著，1 800米以上的高原训练才能使运动员的身体机能得到较大改善。因此，国际统一将1 800米作为亚高原和高原的分界点。

人在锻炼时，机体要获取、运输和利用氧气。高原训练的生理学机制是人体在高原低压且缺氧的环境中进行运动训练，将高原缺氧的生理表现和运动训练的负荷施加作为两个刺激源，让运动员生理产生较平原地区不同的应激反应，以释放身体的机能潜质，产生一系列有利于提高运动能力的抗缺氧环境的生化反应。高原训练依据其不同的效用分为三种形式：①能力主导型高原训练。在基础训练阶段，为了提高肌肉耐力水平和一般能力进行高原训练。这种类型的高原训练在负荷和形式上提倡接近平原化标准。②状态主导型高原训练。为了使比赛成绩获得提升，做赛前训练准备，即为了比赛成绩而到高海拔地区进行训练。这种类型的高原训练阶段特征明显，基本上包括习服期、增量期、强度期、减量调整期。③恢复型高原训练。利用较小的负荷量和负荷强度，有目的地缓解因比赛出现的劳损。这是一种积极性休息，同时可以促进运动员在下一个比赛阶段的基本有氧耐力的积累②。

第五节　运动训练的人文教育

一、运动训练人文教育的必要性和重要性

运动训练的终极目标反映在参赛选手竞技能力提高后的运动成绩上。运动训练具有训练和教养的双重性。过去我们只重视训练中的"物"，而忽略了受教育的"人"，以致出现了部分运动员的人文素质和社会适应性不强的现象，例如少数高水平运动员打架斗殴、聚众闹事，破坏了社会治安和谐，这都是忽视了对运动员的人文素养、道德向善和社会责任感的培养，由此才会产生运动员个体发展失衡的问题。现今，在运动员培养的过程中逐渐重视人文教育，将完善的素质教育和训练实践结

---

① 崔大林. 高原训练的实践探索与理论思考 ［J］. 体育文化导刊，2008（1）：3-7.
② 崔大林. 高原训练的实践探索与理论思考 ［J］. 体育文化导刊，2008（1）：3-7.

合在一起，突出"人本位"在运动员全面发展中的重要地位。运动训练是培养运动员的过程，在整个活动过程中应遵循运动员的自然发展规律，加强对运动员人文素质的培养，体现和谐社会的宗旨。

二、加强运动训练人文教育的几个方面

首先，要对运动员在运动训练过程中因训练负荷产生的生理不适足够重视。追求卓越的运动成绩固然是每一位高水平运动员的首要目标，也是奥林匹克价值观所提倡"更高、更快、更强"理念的物化表达；但是，运动训练中"以人文本"的可持续发展思想和素质教育的理念不应在功利主义面前被抛之脑后。大量事实告诫我们，机体只在适宜负荷的刺激下才能适应内环境的变化，机能只有在平衡的状态下通过适宜刺激才能达到更高水平的平衡，这样才能使身体机能向更强的方向发展，从而提升个体的身体运动能力，走人体的可持续发展道路。

其次，要重视对运动员在运动训练过程中单一枯燥的环境压力下的心理疏导。在体育职业化、商业化、产业化快速发展的环境下，个体在不断接受负荷刺激而没有得到及时恢复的情况下，会产生一些不良的症状，如焦虑、压力大、疑心重等，失去了心理上的平衡，产生了追名逐利的思想。少数运动员无视体育公平竞争的原则服用违禁药物，甚至在个人利益与集体利益发生矛盾时，牺牲集体利益，这说明了部分运动员有着较大的心理问题，心理发展状态失衡，阻滞其个性发展[1]。因此，在运动训练过程中追求心理平衡并进行练习极其重要。同时在运动训练中应注意开发运动员个人的心理激活区，抑制心理衰竭区，充分利用个体的情商，使个体保持心理健康。

最后，将运动负荷影响下的生理、心理控制纳入人文教育体系。运动员的文化教育是在解决学训矛盾时不可避免的话题。竞技体育在早年"金牌主义""锦标主义"横行时所选择的"华山一条路"的人才培养模式被大量社会事实证明是不可取的。高水平运动员被培养成为省冠军、国家冠军、世界冠军，取得了较高的竞技能力和运动成绩，但当其因各种原因退役之后，却难堪重任。部分运动员较低的文化程度、单一的生存生活技能、浅显的社会认知能力及粗浅的人际交往策略使得其退役后的生活如履薄冰。因此，在运动训练的过程中，将丰富运动员文化知识体系和提高人文素养纳入运动员文化知识教育过程，是运动员运动生涯、人生规划的必修课。运动员在社会大众面前展示出健硕的体魄、文明的举止、高尚的品格、高雅的谈吐以及良好的道德情操，会助其勇攀生命价值之巅。

---

① 王文成，林华. 运动员身体保护研究［J］. 体育文化导刊，2008（10）：72-74.

第四章
运动训练原则

- -

　　人们在运动训练活动中所遵循的基本准则被称为运动训练原则。运动训练原则对运动训练活动的形式、方法给予指示和规定，便于人们在运动训练活动开展的过程中理解和实践，以取得令主体参与者满意的练习效果。运动训练原则是许多高水平运动训练教练、专家、学者在实践中不断总结经验、丰富理性认识而反复完善、推敲、总结出来的，反映了运动训练系统内部各组成因子之间，以及单个因子、组合因子与系统外部各相关因素之间在组合和作用体现上的客观规律。它是科学化、系统化组合后的训练原理。

第一节　竞技需要与区别对待原则

一、竞技需要与区别对待原则的概述

　　竞技需要与区别对待训练原则是指，依照不同运动项目的共同性特点和不同运动员的鲜明个性特征，科学安排训练的周期、步骤及具体训练的内容、方法和负荷等要点的训练原则。显然，比赛的实际要求是训练安排的根本依据。训练是否与比赛的需要紧密联系，是判断训练效用的指导标准。

二、贯彻竞技需要与区别对待原则的训练要点

　　1. 认真研究项目特点与专项竞技的需要

　　不同运动项目有着区别于其他项目的不同比赛特点和与之相符合的训练要求。贯彻竞技需要原则首先要明确专项竞技的要求是什么，也就是说，要明白怎样才能在某个专项比赛中获胜。运动员的比赛结果取决于自己具备的竞技能力及其在比赛中的表现、对手具备的竞技能力及其在比赛中的表现、比赛结果的评定行为三个要素。运动员要想在比赛中获胜，就应该提高自己的竞技能力并在比赛中充分发挥和表现出来，要在规则允许的范围内抑制对手竞技能力的发挥和表现，还要在规则允许的范围内力求得到有利于自己的评定和裁决。因此，我们就要研究，运动员在专项竞技中需要什么样的竞技能力，比赛中怎样才能发挥得更好并获得更多的评分，以及在规则允许的范围内怎样去抑制对手的竞技表现。每个专项竞技运动的不同特点，都决定了其竞技能力构成因素的差异性。

2. 科学诊断运动员的个人特点，针对性地组织训练

运动训练中的区别对待原则，应该体现在训练活动的全过程和训练的全方位。面对运动员不同的个人特点和不同训练阶段的特点，需要认真贯彻区别对待的训练原则。竞技运动的组织与操作是通过运动员的每一次训练和比赛组合而来的。每一个运动员都是一个独立的个体，都有只属于他本人的形态、机能、素质、个性心理特征以及技术、战术特征；每个人既有各自的优势，也有各自的短板，各有不同的需要和不同的训练任务；因此，每个运动员的训练应安排不同的内容。训练的区别对待，要注意与运动员的个性发展相结合。高水平优秀运动员的个性化训练趋势明显加强，同一项目同一水平的优秀运动员的训练负荷也会有明显的区别。同一名运动员在其生长发育与训练的不同阶段，也有着不同的即时状态，有着不同的发展目标和不同的训练要求，应密切关注运动员竞技能力和状态的变化，以便及时调整和修订训练计划。

第二节　系统训练与周期安排原则

一、系统训练与周期安排原则的概述

系统训练与周期安排原则是指，运动员应该系统持续地进行运动训练，并应分阶段进行周期性训练的训练原则。为了在运动训练活动中实现人体的适应性改造，运动员需要多次承受运动负荷，渐进地提高自己的竞技水平。持续的运动训练可使训练效应不断累加，而训练活动的间断则会降低训练效果。

人体运动能力的周期性提高，竞技状态的周期性变化，重大赛事的周期性举办，都提示我们，周期性地安排好运动训练计划，处理好负荷与恢复、分解与综合、训练与竞赛的有机联系，是设计、组织运动训练计划的重要原则。系统的、持续的运

动训练过程需要分解成若干个组织周期，不同时间跨度的多个周期组合成系统的、持续的运动训练过程。

二、贯彻系统训练与周期安排原则的训练要点

1. 健全多级训练体制，为运动员实现多年系统训练提供有力保证

运动员系统的多年训练活动，必须以健全的多年训练体制作为保证。尽管不同国家的训练体制有各自的特点，但都着眼于保证运动员多年系统训练的实施。

为了保证不同层次的训练组织完成各自的任务，使运动员得以保持多年训练的系统性，在最佳竞技年龄区间表现出最高的竞技水平，各个层次的训练都必须紧密衔接，防止各级训练各行其是。相应的对策是：①制定各项目运动员在不同年龄阶段的系列训练大纲；②建立与训练各阶段基本任务相适应的竞赛制度；③建立相应的奖励制度，鼓励中小学、业余体校及运动学校的教练员认真完成基础训练和初级专项训练的任务。美国等国家的俱乐部制、德国的体育寄宿学校、古巴的青年体校等，都对运动员少年时期和成年时期训练的良好衔接起着重要的作用。

2. 分段组织系统持续训练过程的实施

运动训练过程的组织实施，必须遵循其阶段性的特点，有步骤、有秩序地进行，训练步骤则是按固有的程序进行排列的。如全程性多年训练依次分为基础训练阶段、专项提高阶段、最佳竞技阶段及竞技保持阶段；一个持续 2~6 个月的训练大周期，依次分为准备时期、比赛时期及恢复时期；一次训练课也依次分为准备部分、基本部分和结束部分；等等。训练流程在许多情况下都是不可逆的，必须按照固有的程序进行，这样才能取得理想的训练效果。忽视训练活动的流程，会造成许多不良后果。要注意两个周期之间的衔接，协调各个周期之间的关系。在结束每一周期的训练之后和实施下一周期的训练之前，都要进行科学测评，针对前一周期运动员在身体、技术、战术、心理等方面所产生的变化及存在的问题，认真总结经验和教训，作为制订和实施下一周期训练计划的依据，以便使各周期的训练工作有机地衔接起来。

3. 处理好训练安排的固定因素与变异因素的组合

周期安排原则的依据是人体竞技能力变化和适宜比赛条件出现的周期性特征，其中，后者是决定训练周期的固定因素，而前者则是变异因素。因为重要比赛日程的安排通常与某个项目最适宜的比赛条件的出现是一致的，而且一般在上一年度即已确定。

尽管人体状态本身受着生物节律的影响，但这种节律并非绝对不变的，运动员

完全可以通过训练安排使其在特定的时间里表现出最佳的竞技状态。竞技状态的发展过程是可以由人来控制的，教练员应努力做到有把握地调节这一变异因素，使之与特定的比赛日程安排相吻合。

第三节　适宜负荷与适时恢复原则

一、适宜负荷与适时恢复原则的概述

适宜负荷与适时恢复原则是指，根据运动员的现实需要和人体机能的训练适应规律，以及提高运动员竞技能力的需要，在训练中给予运动员相应量度的负荷，并在训练后及时消除运动员的疲劳，通过机体适应过程，提高运动员的竞技能力和训练效果的训练原则。

运动员在训练中承受了一定的运动负荷后，必然会产生相应的训练效应；但并非只要施加了负荷，就一定会产生良好的训练效应。训练负荷的安排对训练效应有着重要的影响。适宜的运动训练负荷会使运动员机体产生相应程度的疲劳，适时地消除机体在训练负荷影响下产生的疲劳并促进机体的良性补偿，能使运动员的竞技能力得到提高。

二、贯彻适宜负荷与适时恢复原则的训练要点

1. 准确把握运动训练负荷的适宜量度

运动训练负荷包括负荷强度与负荷量以及二者之间的组合。适宜训练负荷应该满足下列要求：在运动员机体能够承受的前提下，有助于运动员取得高水平的专项运动成绩，完成预定的训练任务，并促使其各种能力产生定向变化；负荷安排的节奏要保证课与课之间的衔接能产生良性的后续效应，保证运动员有机体的生物学改造能够顺利进行。

负荷的适宜度主要通过施加负荷产生的后果来评价，包括机体疲劳的程度及恢复与超量恢复所需的时间、战术训练的效果、是否引发运动性伤病，以及是否引发心理疾病和心理障碍等方面。

2. 科学探求负荷量度的临界值

近年来，人们清楚地认识到，适度的负荷量度的增加会带来更好的训练效果，而且负荷量度越接近运动员承受能力的极限，效果就越明显；于是许多教练员和科

学家都致力于寻找这一负荷量度的极限。日本著名的排球教练员大松博文在充分挖掘运动员机体潜力方面进行了大胆的尝试，他带领的女排选手常常每天训练六七个小时，练出了顽强的毅力和熟练的攻防技巧，使日本女排多次登上世界冠军的领奖台。中国长跑教练员马俊仁为他训练的女选手设计了"每天一个马拉松"的负荷计划，也在田径史上留下了辉煌的一页。

3. 积极采取加速机体恢复的适宜措施

训练学恢复手段主要包括变换训练内容和训练环境，交替安排负荷，调整训练间歇的时间，在训练课中穿插和采用一些轻松愉快、节奏性强的练习等；也包括在恢复过程中辅以轻微的肌肉活动，使肌肉和血液中的乳酸更快被消除；还可以根据人体的生物钟安排每天的训练时间，形成一种习惯性的定式，节省神经能量，也有利于机体的恢复。

医学、生物学恢复手段主要指理疗恢复手段，如水浴、蒸气浴、漩涡浴、氮水浴、苏打碳酸浴、盐浴、珍珠浴、含氧浴等。

营养学恢复手段是指，由于运动时运动员的能量消耗较大，运动后的能量补充除了考虑补充物的数量，还应注意各种营养素的适宜搭配。例如运动后吃不同的糖，对身体不同部位糖贮存的恢复就有不同的帮助。

心理学恢复手段指运动员可利用自我暗示、放松训练、转换训练、生物反馈等手段促进恢复。针对每个运动员特殊的心理问题，要对症下药，进行专门的心理调节或心理辅导。

第四节　导向激励与健康保障原则

一、导向激励与健康保障原则的概述

导向激励与健康保障原则是指，以实现预设目标为导向，激励运动员积极参与，并在为运动员身心健康提供有力保障的条件下组织运动训练活动的训练原则。这项原则将激励运动员积极刻苦训练与高度重视并采取有效措施保障运动员健康两个范畴辩证地组合在一起，从而形成组织训练活动重要的指导思想。导向激励可来自被激励者内部，也可来自外部，即动机激励与社会激励。

竞技体育的发展需要充分挖掘运动员的竞技潜力，这对运动员的机体提出了很

23

高的要求，同时也给运动员的健康带来了风险。因此，必须明确地把保护运动员的健康放在首位，认真贯彻健康保障原则。为运动员的健康提供有力的保障，既是对运动员基本健康权的尊重与保护，也是运动员能够坚持多年系统训练、创造优异运动成绩的必要条件。国内外许多教练员和运动员也在其训练实践中深切地感受到健康训练的重要性。导向激励与健康保障原则是运动训练活动中应该遵循的重要原则。只有辩证地认识两者之间的内在联系及可能发生的矛盾，不断地激励运动员主动训练、刻苦训练，同时密切关注、切实保障运动员的身心健康，更好地发挥两者的协同效应，才能使训练取得成功。

二、导向激励与健康保障原则的训练要点

1. 树立正确的参训动机，协调兼顾集体与个人的利益

运动员从事竞技体育是有目的的行为，参训目的的定位对于运动员参训的积极性与自觉性有着重要的影响。教练员需通过多种途径和方法，加强训练的目的性教育和正确的人生观、价值观教育，使运动员认识到参加竞技运动训练、获得优秀运动成绩对国家、民族、家庭及个人的重要性及其具有的巨大社会价值，使运动员从中得到鼓舞和激励，保持积极自觉的训练态度。同时，要注意协调兼顾集体与个人的利益，使运动员把为集体争光的责任感和荣誉感与体现个人人生价值、创建高质量的家庭和个人生活紧密地结合起来，从而激发运动员强烈的目标动机，使其勇于克服困难，坚持实现训练目标。

2. 以人为本，加强医务保障

关注运动员身体健康是以人为本的现代管理理念在训练活动中的重要体现。同时，作为运动训练活动的主体，运动员的健康状况对于训练活动的组织进行以及训练效果有着重要的影响，应得到高度的重视。因此，需要建立完整的健康保障体系，包括日常的医务监督、定期的健康体检、及时的医药治疗和发生意外伤病时的应急机制。

3. 做好目标控制和信息反馈，并及时调节

对运动员的训练过程实施目标控制、加强信息反馈并及时进行调节是顺利贯彻导向激励与健康保障原则的重要前提。运动员的一切训练活动都是为了训练目标的完成而设计和组织的，训练周期的安排、训练内容的确定、训练方法的选择、训练负荷的把握都应服务于这一目标，而不应盲目地使运动员硬性完成某一负荷量度的运动，不应强制运动员去参加干扰其主要训练任务的商业性比赛活动。要对运动训

练过程进行科学有效的监控，准确把握运动员技术战术掌握的质量与存在的问题，准确把握运动员体能发展状况与负荷后的机体反应，准确把握运动员心理活动的状态与变化，准确了解运动员的专项认知水平与专业知识水平，并及时反馈给教练员和运动员，以便对运动训练计划、训练的实施与要求做出科学合理的调节，以做到不断激励运动员刻苦训练的同时，切实关心并保障运动员的身心健康。

第五章
运动训练的具体方法

运动训练方法是指在运动训练过程中，使运动员提高竞技水平、完成训练任务的途径和办法。就如在教育系统中教学方法是在教师的"教"和学生的"学"的交互过程中使用的经验性规律一样，运动训练方法被应用在教练员的"训"和运动员的"练"的过程中，是教练员和运动员在双边活动中共同完成训练任务的方法。

为了保证理论相对完整和实践应用相对方便，运动训练的方法分为整体控制方法和具体操作方法。其中整体控制方法主要把管理科学中的系统论和控制论作为理论基石，归纳为模式训练法和程序训练法。而具体操作方法是直接应用在运动训练实践过程中的方式和办法，是对各种具体训练方法的直接表述。为使教练员和运动员更加凝练、概括地认识运动训练方法，并能直接运用在运动训练实践之中，本书重点介绍运动训练的具体操作方法。

第一节　分解训练法

一、分解训练法的定义

分解训练法是将相对完整的技术动作或战术配合过程有效、合适地分成若干个步骤或部分，然后按步骤或部分有计划地区别进行训练的方法。运用分解训练法能够使运动员集中注意力完成专项具体的训练目标，加强对运动员主要技术动作和战术配合环节的训练，从而使其取得更有实战意义的训练效果。在技术动作或战术配合过程较为繁杂且可分解，而且运用完整训练法又很难使运动员理解和实践的情况下，或者技术动作、战术配合的某些环节需要较为精细地训练时，建议使用分解训练法。

二、各类分解训练法的应用

(一) 单纯分解训练法

应用单纯分解训练法，首先需要把训练步骤分成若干个部分或单元，分别理解和实践各个部分的相关重点，再把各部分综合起来进行全局式的学习。这种方法在运动训练实践的技术、战术学习和训练中被广泛运用。单纯的分解训练法对训练的次序及各个次序的关联性并不刻意要求。例如：采用单纯分解训练法进行蛙泳腿部基本动作训练时，可将整个过程分解成收、翻、蹬、夹四个腿部动作，其训练进程为先学习收、翻两个腿部预发力动作姿态，掌握后再学习蹬、夹两个发力动作姿态，最后把这四个动作结合起来，并在一个完整的动作循环间歇中学习适时的停顿练习，以增强蛙泳腿部动作的节奏感和发力的持续性。再如：采用单纯分解训练法进行足球小组战术训练的边路背套战术演练时，可将整个战术练习过程分为四个部分，即快速直传球、中路带球佯装、快速背套跑位和适时短传球，不论采用何种训练进程，都应先使运动员分别掌握这四部分独立的战术动作，再进行完整的小组边路背套练习。

(二) 递进分解训练法

应用递进分解训练法，需把训练内容分成若干部分，先训练第一部分，掌握后再训练第二部分，两部分掌握后将其合成一部分进行训练；掌握这两部分后再训练第三部分，掌握后将三部分合起来训练。如此递进式地训练，直至完整地掌握技术和战术要领。

该方法虽然对练习内容各个环节的练习顺序并不刻意要求，但对相邻环节的衔接部分则有专门的要求。例如：采用递进分解训练法进行标枪训练时，其训练进程为可先训练持枪加速跑，掌握后再进行交叉跑的训练，而后将持枪加速跑与交叉跑两个环节合起来进行训练；随后训练原地挥臂投掷，掌握后再把这三部分合起来进行完整的训练。

(三) 顺进分解训练法

应用顺进分解训练法，需把训练内容分成若干部分，先训练第一部分，掌握后再训练包括第一部分的第二部分，都掌握后再训练包括前两部分的第三部分，如此顺进式地学习，直至运动员完整地掌握技术和战术。其应用特点是训练进程与技术动作、战术配合的顺序大体一致，后一步骤的练习内容包括前一部分的内容。应用该方法有助于建立动作训练全程与战术配合过程的整体图式，确立基本技术动力定型和战术理念。

（四）逆进分解训练法

逆进分解训练法和顺进分解训练法正好相反，应用时把训练内容分成若干部分，先训练最后一部分，逐次增加新的训练内容到前一部分，如此训练直至运动员完整掌握技术和战术内容。此方法的应用特点是训练进程与技术动作、战术配合的顺序恰恰相反，多用于最后一个环节为关键环节的技术和战术训练。

第二节　完整训练法

一、完整训练法的定义

完整训练法是指从动作练习和战术运用的起始到结束，进行整体练习的训练方法。运用完整训练法有助于运动员从整体上掌握技术动作和进行战术配合，并使技术动作和战术配合的宏观结构与各个独立要素之间保持内在有机联系，通常与分解训练法配合使用。

二、完整训练法的应用

完整训练法主要适用于独立动作的训练，也可用于多元动作的训练；既可用于个人成套动作的训练，也可用于集体配合动作的训练。

完整训练法运用于独立动作训练时，要关注各个步骤动作的衔接，注意渐次提升训练的负荷量度和强度，以提高练习的整体训练效果；用于多元动作训练时，在完成好各独立动作的同时，要尤其注意领会并练习多个动作之间的融合和接洽；用于个人成套动作训练时，可根据练习的不同任务制订不同的计划；在着重提高动作质量时，可在成套动作中途要求运动员停止练习，指出问题并加深印象，把场景恢复到动作核心部分，重练并改进；在着重提高完成全套动作的参赛能力时，则不必拘泥于个别动作细节的完成质量，而应强调流畅并连续地完成全套动作；用于集体配合训练时，应以一次技战术配合的最终练习效果作为本次训练质量的评价标准，更加密切地结合实战要求，灵活组织完整的战术训练。

第三节　重复训练法

一、重复训练法的定义

重复训练法是指同一动作多次重复练习，且两次练习之间要有相对充足的休息时间的练习方法。

重复训练法的作用在于通过对同一或同组动作的多次重复，在训练过程中持续激活、强化条件反射，有助于运动员在学习新技术的同时巩固原有技术动作。通过对相对稳定的负荷强度进行持续刺激，让机体迅速生成生物适应机制，有助于提升运动员专项身体素质。重复训练法的主要部分包括单次（组）练习的负荷量、负荷强度及每次（组）练习之间的休息时间。

二、重复训练法的应用

（一）短时间重复训练法

重复训练法普遍适用于磷酸原系统（ATP-CP）供能条件下的爆发力强、速度快的运动技术和运动素质的训练。例如：田径运动跨栏技术的分段或全程练习，排球运动单个扣球技术动作的练习或传球与扣球技术的组合动作的练习，足球运动单个射门技术动作的练习或接球与传球、传球与射门技术的组合动作的练习。技能主导类对抗性和表现性运动项群的高、难、强技术的训练和有关的速度素质和力量素质的发展，都以此为主要训练方法。

短时间重复训练法的特点是：每次练习的负荷时间短，通常在 15 秒之内；负荷强度通常以运动员本人所能承受的最大强度（比赛强度）为限；间歇时间充分，各组练习之间的间歇时间基本相同。练习目的是重点发展运动员磷酸原系统的供能能力、肌肉收缩的速度和爆发力，以及快速运动的能力。重复次数和练习组数相对较少，可有效提高运动员负荷强度很高的单个技术动作或组合技术动作运用的熟练性、规范性和技巧性。

（二）中时间重复训练法

中时间重复训练法普遍适用于糖酵解供能条件下的运动技术、战术和素质的训练。如隔网对抗性运动项群中多种串联技术、战术动作的重复练习或强度适中的单一技术动作的重复练习，同场对抗性运动项群中爆发力较强、速度较快的单个技术动作的练习或由此类技术为主所构成的组合技术动作的重复练习。中时间重复练习法还普遍适用于运动员学习、掌握和巩固运动强度较低的运动技术，以及掌握局部配合的运动战术。同时，该方法还同样适用于比赛时间为 30 秒~2 分钟的体能主导类运动项群的技术和素质训练。当然，应结合短时间重复训练法和长时间重复训练法具体安排训练结构。

中时间重复训练法的特点是一次练习的负荷时间稍长，通常在 2 分钟之内，负荷时间或负荷距离可略长于主项比赛时的时间或距离；负荷强度较高，但通常略低于运动员本人所能承受的最大强度（比赛强度）；各组练习之间的间歇时间将随着练习组数的增多而延长，间歇期间应采用慢跑深呼吸和按摩的方式进行放松，以便尽快清除运动员体内乳酸。练习目的是重点发展运动员糖酵解系统的储能和供能能力，以及糖酵解系统供能状态下的速度耐力和力量耐力。

（三）长时间重复训练法

长时间重复训练法主要适用于无氧、有氧混合功能系统条件下的运动技术、战术和素质的训练。如技能主导类运动项群中多种技战术的串联练习、连续攻防的对抗性练习、组合技术的重复练习等。该方法也适用于难度不大、负荷强度不高、技巧性强的单一技术动作的训练或难度不大的组合技术动作的训练，亦可辅以中时间重复训练法和持续训练法。

长时间重复训练法的特点是每次练习的负荷时间较长，通常为 2~5 分钟，负荷强度略低，通常略低于运动员本人所能承受的最大强度（比赛强度）。技能主导类技术动作的练习种类较多，同时参与技术、战术训练的人数较多，战术攻防转换的次数较多，训练的实战环境氛围较浓，组织难度较大；负荷时间和距离略长于主项比赛时的时间和距离，无氧和有氧混合功能性质明显；一次练习结束后间歇时间充分，练习组数不多。练习目的是重点发展运动员无氧和有氧代谢系统混合供能的能力。

第四节　间歇训练法

一、间歇训练法的定义

间歇训练法是指对多次练习时的间歇时间做出严格的规定，使机体处于不完全恢复状态下，反复进行练习的训练方法。严格的间歇训练，可使运动员的心脏功能得到明显的增强；适时调节运动负荷的强度，可使机体各机能产生与有关运动项目相匹配的适应性变化。间歇训练法可增进 ATP-CP 系统、糖酵解系统、有氧系统的供能能力。

间歇训练法受 5 种因素制约，即每次负荷的时间、练习的次数和组数、负荷的强度、两次（组）练习之间的间歇时间和间歇方式，具体要求应因人、因项、因时而异。两次（组）练习之间，多采用积极性休息的方式。其他因素等同的情况下，在极限负荷强度时，两次（组）练习之间的间歇时间将成为发展何种负荷性质的决定因素。

二、间歇训练法的应用

(一) 高强度间歇训练法

高强度间歇训练法是发展糖酵解系统的供能能力、ATP-CP 与糖酵解混合系统的供能能力的一种重要的训练方法。该方法不仅适用于体能主导类速度性和耐力性运动项群的技术、素质的训练，也适用于技能主导类对抗性项群中的攻防技术或战术的练习。该方法将单一技术动作运用的熟练程度、规范程度与运动素质中的速度、爆发力、灵敏度以及 ATP-CP 系统的供能能力的训练融为一体，使之共同提高。如隔网对抗性运动项群中网前连续进行的攻防技术练习，同场对抗性运动项群中连续曲线跑动进行的半场攻防技战术练习或"人盯人"传球技战术练习。

高强度间歇训练法的应用特点：一次练习的负荷时间较短（30 秒以内），负荷强度达到甚至略超过比赛强度，即极限负荷强度；运动员心率负荷控制在 190 次/分钟至最高心率；两次（组）练习间有间歇，间歇方式为积极性休息；练习的动作结构相对稳定；间歇时间有 3 种形式，即很不充分间歇、不充分间歇和相对充分间歇。

(二) 强化性间歇训练法

强化性间歇训练法应用的主要目的是重点发展 ATP-CP 系统和糖酵解混合系统的供能能力、糖酵解系统的供能能力和机体的抗酸能力，以及糖酵解系统供能条件下的速度耐力、力量耐力和技战术运用的熟练性、规范性，着重提高各种技战术在攻防过程中应用的熟练程度，并将技战术的训练与乳酸系统供能能力的训练融合，使之共同提高。间歇时间的选择、重复训练次数与组数的确定，应因人、因时、因项而异。

强化性间歇训练法是一种发展 ATP-CP 和糖酵解混合系统的供能能力的重要训练方法。该方法主要用于体能主导类项群中的运动素质训练，也可用于对抗性项群中的技战术训练和表现性项群中单个技术和成套动作的练习。强化性间歇训练法的应用特点：一次练习的负荷时间或距离应以运动员的竞技成绩为依据，负荷时间或负荷距离应稍长于主项比赛时的时间或距离；负荷强度通常略低于主项比赛时运动员本人所能承受的比赛强度，即次极限强度；运动员心率负荷控制在 180~190 次/分钟；两次（组）练习间安排间歇，间歇方式为积极性休息；练习的动作结构相对稳定；间歇时间有 3 种形式，即很不充分间歇、不充分间歇和相对充分间歇。

（三）发展性间歇训练法

发展性间歇训练法是一种发展有氧代谢系统的供能能力、有氧代谢下的运动强度以及心脏功能的一种训练方法，并为进一步发展无氧代谢系统的竞技能力奠定基础。该方法主要用于体能主导类有氧耐力性项群中的运动素质训练，也可用于对抗性项群中的技战术训练和表现性项群中单个技术和成套动作的练习。

发展性间歇训练法的应用特点：一次练习的负荷时间较长，至少应有 5 分钟；负荷强度控制在运动员平均心率为 160 次/分钟；间歇时间以心率降至 120 次/分钟为开始下一次练习的确定依据；一次练习的动作种类可以单一亦可多元；供能以有氧代谢系统为主。在实际训练中为了提高耐力训练水平，教练员通常将发展性间歇训练法、强化性间歇训练法与持续训练法结合，根据负荷强度的分级标准进行训练。

第五节　持续训练法

一、持续训练法的定义

持续训练法是指训练负荷强度较低、负荷时间较长、无间断地连续进行练习的训练方法。练习时运动员平均心率为 130~170 次/分钟。该方法主要运用于发展一般耐力素质，并有助于完善负荷强度不高但完成过程细腻的技术动作，可使机体的运动机能在较长时间的负荷刺激下产生稳定的适应性，内脏器官也同样产生适应性变化。持续训练法可提高有氧代谢系统的供能能力及该供能状态下有氧运动的强度，可为进一步提高无氧代谢能力及无氧运动的强度奠定坚实的基础。

二、持续训练法的应用

（一）短时间持续训练法

短时间持续训练法广泛应用于体能主导类运动项群的素质训练中，也适用于技能主导类运动项群中动作强度较高的技术和战术的训练实践。短时间持续训练法的特点：每次持续练习的负荷时间为 5~10 分钟；负荷强度控制在运动员心率为 150 次/分钟左右；间歇时间充分，但练习组数不多。该方法是持续训练法中应用较多的一种。该方法的主要练习目的是发展以有氧代谢为主的无氧与有氧混合供能的能力，提高以有氧代谢为主的运动强度。

短时间持续训练法在同场对抗性运动项群中适用于攻防技战术动作连续转换的练习，以及负荷强度高、低交错显现的组合动作的持续练习。该方法的主要练习目的是提高比赛状态下持续对抗的连续性、攻防技术激烈对抗的转换性、负荷强度高低变换的节奏性、各种攻防技术运用的衔接性、疲劳状态下连续作战时技术效果的稳定性、频繁无球跑动的掩护性等。

（二）中时间持续训练法

中时间持续训练法普遍适用于技能主导类运动项群中多种技术的串联和攻防技术的局部对抗性练习、整体配合战术或技术编排成套的技术或战术训练，以及体能主导类耐力性运动项群的训练。中时间持续训练法的特点：每次持续练习的负荷时间稍长，通常为 10~20 分钟；负荷强度控制在运动员平均心率为 170 次/分钟；技术动作可以单一亦可多元，平均强度不大，负荷时间相对更长。中时间持续训练法可有效地提高有氧代谢系统供能状态下技术应用的稳定性和抵御疲劳的耐久性。练习该方法的主要目的是重点发展运动员有氧代谢系统的供能能力。在具体实践中，中时间持续训练法有两种形式，即匀速持续训练和变速持续训练。其中，以发展有氧代谢系统供能能力为目的的中时间持续训练正从以往常用的匀速持续训练转变为变速持续训练。

隔网对抗性项目多应用中时间持续训练法进行训练，其中多球持续训练方法适用于多种技术分组串联的训练。该方法将各种技术动作按比赛进程的动作顺序分段衔接和串联，而后持续相继训练，以提高运动员在特定条件和环境下的持久竞争能力。

（三）长时间持续训练法

长时间持续训练法对于体能主导类耐力性运动项群具有直接的训练价值。实践中长时间持续训练法亦有三种典型的形式，即匀速持续训练、变速持续训练和法特莱克训练。其中，20 世纪 30 年代源自北欧的法特莱克训练是一种以发展有氧代谢系统为主、适当发展无氧与有氧代谢系统混合功能的耐力训练方法。长时间持续训练法的特点：训练环境不稳定，运动时的路线不固定；负荷时间较长，运动速度的快慢变化不具有明显的节奏性，但具有明显的随意性；运动过程始终不间断，练习

33

过程中的负荷强度呈现高低交错，平均心率指标为 130～160 次/分钟；心理感受相对轻松。

长时间持续训练法在技能主导类运动项群中的应用相对较少，这主要是因为长时间持续训练法应用的主要目的是发展一般耐力，过分采用长时间持续训练法指导训练，不仅无助于技能主导类运动项群运动成绩的提高，甚至有可能引起机能的不良迁移或阻碍主要专项运动素质的发展。

第六节　变换训练法

一、变换训练法的定义

变换训练法是指通过变换运动负荷、练习内容、练习形式以及其他主客观条件，提高运动员的积极性、适应性及即时应变能力的方法。变换训练法是根据实际比赛过程的复杂性、对抗程度的激烈性、运动技术的变异性、运动战术的变化性、运动能力的多样性以及中枢神经系统的灵活性等一般特性而提出的。其主要理念取自比赛实践，并尽可能地在训练设计上贴合比赛情境。变换运动负荷，可使机体产生与有关运动项目相匹配的适应性变化，从而提高运动员承受专项比赛中不同运动负荷的能力。变换练习内容，可使运动员的不同运动素质、运动技术和运动战术得到系统训练和协调发展，从而使运动员具有更接近实际比赛需要的多种运动能力和应变能力。

二、变换训练法的应用

（一）负荷变换训练法

负荷变换训练法是一种功能独特的训练方法，不仅适用于身体训练，也适用于技战术训练。在训练实践中，负荷变换主要体现在负荷强度和负荷量的组合变换上。一般将其分为：负荷强度与负荷量均保持恒定的搭配形式，负荷强度恒定、负荷量变化的搭配形式，负荷强度变化、负荷量恒定的搭配形式，以及负荷强度和负荷量均有变化的搭配形式。

负荷变换训练法在实际应用中的特点：降低负荷强度和密度，可利于运动员学习和掌握运动技术；提高负荷强度和密度，可使运动员机体适应比赛的需要。另外，该方法通过变换练习动作的负荷强度、练习次数、练习时间、间歇时间、间歇方式及练习组数等，可促使运动员能量代谢系统发展，从而满足专项运动的需要。

（二）内容变换训练法

内容变换训练法是技能主导类运动项群中广泛运用的一种重要训练方法。一般认为，内容变换训练法适用于技能主导类对抗性项群中各种技术动作串联的练习，或某个单个基本技术动作的各种变化练习，或基本技术动作组合的变化练习，或战术打法中几种方案的变化性练习及多种战术混合运用的变换练习。

内容变换训练法的特点：练习内容的动作结构既可为变异组合，亦可为固定组合；练习的负荷性质符合专项的特点；练习内容的变换顺序符合实际比赛的规律；练习动作的用力程度符合实际比赛的规律。内容变换训练法可使训练内容的变换节奏适应专项运动技术和战术变化的基本规律；可使训练内容的变化种类适合运动技术、战术应用的要求；可使练习内容之间的变换符合实际比赛变化的需要，进而提高运动员在比赛中的应变能力。

（三）形式变换训练法

形式变换训练法的应用主要反映在场地、线路、落点和方位等条件或环境的变化上。如变换训练场所能促使技能主导类运动项群的运动员在时空感觉方面对不同空间及环境的比赛场地产生适应。同场对抗性运动项群中进行战术练习时，采用不断交叉换位的跑位方式达到战术训练的目的，即让运动员在同一场景中变换跑动线路和跑动速度，以达到破坏对手防守阵型、伺机寻求得分的目的。

形式变换训练法的特点：通过变换训练环境、训练气氛、训练路径、训练时间和练习形式等进行训练。形式变换训练法能够对运动员产生新的刺激，激发运动员较高的训练情绪，促使其运动神经系统处于较好的准备状态，从而提高训练质量，为比赛做好充分准备。

第七节 循环训练法

一、循环训练法的定义

循环训练法是指根据训练的具体任务，将练习内容设置为若干个练习站，每个练习站包含主体练习内容的不同部分，运动员按照既定练习顺序和跑动路线依次完成每站训练任务的训练方法。循环训练法可有效激发运动员的训练情绪，并累计不同练习安排的负荷"痕迹"，交替刺激不同专项部位。并且，运用循环训练法可以随时根据训练情况因人制宜地加以调节，做到区别对待，还可防止局部负担过重，延缓疲劳的产生，并有利于全面性地身体训练。

循环训练法的结构因素包括每个训练站的练习内容、运动负荷，练习站的安排顺序，每站练习之间的间歇时间，每遍练习循环之间的间歇，练习的站数与练习的组数。

二、循环训练法的应用

（一）循环重复训练法

循环重复训练法是指，按照重复训练法的总体要求，对各站和各组循环之间的间歇时间不作特殊规定，以使机体疲劳得以基本恢复，使运动员可全力进行每站或每组循环的练习方法。该方法既可用于技术训练，也可用于素质训练。如足球训练中，可将变速带球、传接球、传接球射门、头球进攻和防守等作为不同练习站，并实施循环重复训练。循环重复训练法也可根据实际训练需要，将某两个练习站结合成"段"进行练习。

循环重复训练法的特点：每站练习动作应熟练规范，练习顺序尽可能地贴合比赛特点，间歇时间较为充分。应用该方法的目的是提高高强度技术动作的规范性和运动员的熟练性，提高攻防过程中的对抗性，并将技术动作和运动素质与代谢系统的训练融为一体，使之共同提高。

（二）循环间歇训练法

循环间歇训练法是指，按照间歇训练法的总体要求，对各站和各组循环之间的间歇时间做出特殊规定，以使机体处于不完全恢复状态进行练习的方法。该方法常用于发展运动员的体能，以及协调发展运动员技术、战术和素质之间的有机联系。

循环间歇训练法的特点：将各种练习设置为若干个练习站，各练习站的负荷时间在 30 秒以上，各站之间的间歇时间较不充分。循环间歇训练法可有效提高运动员糖酵解系统及糖酵解与有氧代谢系统混合供能的能力。

（三）循环持续训练法

循环持续训练法是指，按照持续训练法的总体要求，各站和各组循环之间不安排间歇时间，长时间进行连续训练的方法。循环持续训练法在竞技运动训练中运用极其广泛。如隔网对抗性运动项群中的扣杀、拦截、传挡等技术练习，可设定成练习站并合理编排成组合技术，进行 5～10 分钟较高强度的多球循环持续训练。

循环持续训练法的特点：各练习站之间存在有机联系，各个练习的平均负荷强度相对较低；各组循环内各站之间无明显中断，一次循环的负荷时间应在 8 分钟以上，甚至更长；负荷强度高低搭配进行，循环组数相对较多。此训练法可提高运动员持久的对抗能力、运动技术的稳定能力和运动技术之间的衔接能力，可提高运动员攻防技术的转换能力、疲劳状态下的连续作战能力及有氧工作能力。

第八节　比赛训练法

一、比赛训练法的定义

比赛训练法是指在训练实践中，根据教学规律或原理，在近似、模拟或真实、严格的比赛条件下，按比赛的规则和方式进行训练的方法。比赛训练法是依据人类先天的竞争和表现意识、竞技能力形成过程的基本规律和适应原理、现代竞技运动的比赛规则等提出的一种训练法。运用比赛训练法有助于运动员全面综合地提高专项所需要的体、技、战、心、智等各种竞技能力。比赛固然重要，但不能替代训练，比赛训练法提倡的"以赛代练"纵然有其结合实战的依据，但同样不能"重赛轻练"，比赛是发现训练问题的途径，训练是解决比赛问题的方法。因此，"以赛代练"离不开训练规律的制约，比赛训练法是遵循训练方法、追求训练目标、恪守训练原则而实施的训练手段。

二、比赛训练法的应用

（一）教学性比赛训练法

教学性比赛训练法是指在训练条件下，根据教学规律或原理、专项比赛的基本规则或部分规则，进行专项练习的训练方法，如运动队内部的对抗性教学比赛，不同运动队、运动员之间的友好邀请性比赛，不同训练程度运动员之间的让先性教学比赛等。

教学性比赛训练法的特点：可采用部分比赛规则进行局部配合训练，比赛环境相对封闭，便于运动员集中精力训练；比赛过程可以人为中断以便指导训练；运动员的心理压力较小，利于其正常发挥技术水平，可激发运动员的训练激情，提高运动负荷强度。教学性比赛训练法可系统提高运动员运动技术衔接和串联的熟练程度，强化局部或整体配合的密切程度，并协调发展不同训练程度运动员的竞技能力，挖掘运动员的潜力。

（二）检查性比赛训练法

检查性比赛训练法指在模拟或真实的比赛条件下，严格按照比赛规则，对赛前训练质量进行检验的训练方法。检查性比赛训练法适用范围很广，包括专项运动成绩、主要影响因素、运动负荷能力、运动技术质量及训练水平检查性比赛等。检查性比赛是在比赛或类似比赛的条件下进行训练质量的检查，较易发现训练中存在的问题。

检查性比赛训练法的特点：可采用正式比赛的全部或部分规则进行比赛，比赛环境可以封闭或开放，运动员的心理压力较大。检查性比赛训练法主要应用于检查运动训练的质量，寻找运动员或运动队的薄弱点，并提供改进训练方法的反馈信息。

（三）模拟性比赛训练法

模拟性比赛训练法是指在训练的条件下，模拟真实比赛的环境和对手，并严格按照比赛规则进行比赛的训练方法，如技术动作的模拟比赛、运动战术的模拟比赛等。模拟性比赛训练法能从实战出发，有针对性地培养运动员的实战能力。有意识地在训练过程中采用此方法可以有效提高运动员排除不良因素干扰的能力，从而有利于运动员逐步形成心定、心静、心细的竞技心理，为重大比赛中运动技术的正常发挥奠定心理基础。

模拟性比赛训练法的特点：比赛环境类似真实的比赛环境，按照比赛规则严格进行，模拟对手类似真实的比赛对手。模拟性比赛训练法可加强训练的实战性和针对性，以提高运动员对真实比赛状况的预见性。

（四）适应性比赛训练法

适应性比赛训练法是指在真实的比赛条件下，力求尽快适应重大比赛的训练方法，如重大比赛前的系列邀请赛、访问赛及表演赛等。适应性比赛训练法与模拟性比赛训练法的不同在于，前者在正式比赛的环境下进行，后者则在人为模拟的比赛环境下进行。

适应性比赛训练法的特点：在重大比赛前和真实的比赛环境下，按照比赛的规则，与真实的对手或类似真实的对手进行比赛，以促使运动员的各项竞技能力尽快相互匹配、衔接，达到与即将到来的比赛相适应的最佳竞技状态。

第六章
运动技术能力及其训练

高质量地完成比赛（运动）是所有运动员以及运动项目所期望达成的目标，这里的"高质量"，指的是有效、适当、经济的运动技术。训练的实际经验表明，高质量的技术具有关键意义，不但对提高技术型项目的运动水平有决定性意义，而且对其他类型的运动项目也具有非常关键的作用。就技术提升的具体作用来说，对于力量型和耐力型项目而言，其是促进体能运用效率提升的重要工具；对于对抗型项目而言，其是所制定的战术能够切实完成的有力保障。

第一节　运动技术概述

一、运动技术与运动技术能力

就运动技术的概念来说，它是某个运动项目在不违背相应规则的前提下所进行的特殊动作序列，该序列应当是最趋于理想状态的、最适当的、最科学的，并能够被加以检查和评价。运动技术实际上体现了一个过程，其特点可以细化为量和质两个方面，其中前者涵盖了运动学范畴以及动力学范畴的特点，即能借助匹配的器材设备以及方式方法来完成定量角度的检验、剖析以及评估；后者则涵盖了准确性、节奏以及幅度等方面的特点，能够由负责训练活动的人员及运动员自身来完成定性角度的评价及分析。

运动员个体间存在明显的差别，因此其所具备的运动技术水平也不尽相同，一般来说将运动员为实现某一特定任务所采取的有目的性及效果性的运动尝试称为技术能力，即技能。

运动技术和技术能力的内容截然不同，其中前者具备客观性以及平稳性，是运动特征以及规律的体现；而后者则描述了运动员自身所具备的技术水平，显示出显著的个体性特征，并且处于持续变化中。同时，纯粹的运动技术，是具体项目所具力学特征的集中性体现，而与运动员自身的能力并不相关；技术能力则侧重于运动技术的展示，与神经系统对于肌肉的调动和支配有关，需各运动器官以及系统达成高度统一，与空间层次及实践层次形成配合关系，也就是协调能力。技术能力事实上就是运动员完成某项专门运动时神经系统对于其相关肌群进行调动和支配的能力，该能力不仅体现在能够动员更广泛的运动单位参与运动，而且更为关键的是提升某块肌肉中各肌肉纤维间的配合度（肌内协调）以及各个肌肉间的共同作用能力（肌外协调）。

二、运动技能的特征

立足于运动训练的视角进行探究，运动员所具备的技术能力应具有下述特点：

（1）不仅是在外部呈现出的运动形式，更为关键的是处于内部的运动感觉；

（2）不但具备符合标准要求的运动过程，也具备适应个体实际的可调整运动特征。

在运动训练的实际经验中，优良的技术水平不应只体现在运动的外部表现上，更关键的是在内部运动感觉上的体现，准确的外部表现形式仅能体现出运动技术在外部的适当性，但是在大多数状况中运动技术水平的高低往往取决于内部"力度"的大小。具体来说，类似游泳、骑行、赛艇、滑冰等项目而言，仅仅对运动的外部表现形式进行分解讨论，无法对运动员所具备的技术能力进行精准评价，运动员长时间锻炼后所具备的内在感觉，即骑感、水感等，才是其所具技术能力的确切体现。部分以难度等级和优美性作为评分关键的项目，如体操、花样滑冰及跳水等，也对运动员自身的内部表现能力提出了较高要求。高水平选手所做的技术动作一般都具有难度大、姿势美、完成稳的特点。以国内高水平速滑选手为对象进行的分析显示，选手在进行弯道滑行时惯常使用内侧腿完成蹬冰动作，该动作的外部表现形式与内部实际运用的力量是存在明显差异的，肢体的大幅度外部表现并不表示个体运用了极大的肌肉力量，蹬冰这一动作有极大概率存在内外部表现不相同的情况，因此仅仅从外部表现姿态入手进行分析，很难对选手所具实际技术水平做出完整且精确的评估。

运动技能具备两个主要的特征，其一是标准化，其二是个体化。前者体现了专项运动于力学领域所具备的一般性特征以及规律，是达到优秀运动水平的基本要求，但是并不代表技术规格必须要别无二致，运动员可以根据自身实际情况进行一些具备差异化特征的技术动作。后者的成因在于不同运动员在形态及机体能力上的差异，身体素质存在差异的不同个体，在进行相同项目竞赛时一定要切实利用自身长处，并着重克服短处，在符合相关技术要求的基础上，形成自身的鲜明技术风格。

三、技能训练中应该注意的问题

培育运动技能需要耗费较长时间，并具有相对的复杂性，在训练过程中应当关注下述两部分内容：

（1）不仅要关注运动员对运动技术的了解程度，还要关注其对运动技术的实际应用水平；

（2）不仅要关注运动技能在训练全流程中的积累和发展，还要关注在各个不同时期需着重加强的关键训练内容。

和其他类型的运动能力相同，技术能力也要面临实际运用方面的问题。进行运动技术的培育和锻炼时，不但要关注运动员对理论层面的了解程度，也要关注其实际操作层面的运用能力。通常而言，技术于理论层面的了解和实际层面的运用应当是处在同一水平的，具备怎样的技术能力知识，就应当可以在实际操作时将其彻底运用出来。但是在某些状况中，选手所具备的技术能力可能无法在实际操作时完全体现出来，理论知识和实际运用并不相对应。出现这样的情况，主要是因为个体对于技术内容运用的熟练水平以及应对变化的能力有限，部分运动员对于自身所掌握的技术能力还无法熟练运用，自然无法取得良好的应用效果；还有部分运动员的技术能力虽然已经非常到位了，但是由于日常训练主要在正常情境中进行，不具有对繁复多变的竞赛情境进行迅速应对的实力，也有极大概率出现失误。

运动技术的接受、熟练及保持，是一个具备系统性特征的完整过程。一方面，针对技术方面所进行的训练渗透于个体的整个运动生涯，对技术的接受、熟练和运用应当是日常训练活动的基本组成部分；另一方面，针对处在各年龄层次和水平层次的个体而言，技术训练的倾向性有所差别。对于处在青少年时期的个体，应当以技术的接受和熟练作为主要训练内容；对于处在高水平训练层次的个体，应当以技术的运用和保持作为主要训练内容。

第二节　训练理念的构成与特性

从某种角度来讲，训练理论可以被认为是负责训练活动的人员开展训练活动的"世界观"，或者是组织训练的"指导性思维路线"，可以在宏观层面上实现对训练方向的总体掌握。毫无疑问的一点是，训练理念对于实际运动训练活动具有关键性的指导价值。虽然说竞技运动能力的提升同时受到各种因素的影响，但是保证训练理念的科学性及领先性，是负责训练活动的人员能够培育出高水平选手的基本要求。从长期的训练实际情况来看，实现训练理念的领先性这一要求并不能确保一定会培育出优秀的选手，但是能够培养出优秀选手乃至大量优秀选手的教练，必定具备这一要求。

一、训练理念的构成

训练理念并非一蹴而就获得，而是经过长时间的积淀逐渐形成的，有准确和错误、领先和滞后的区别。在长时间的训练实践中，所有负责训练活动的人员都将形成自身独特的训练理念，这主要是源自其对相关理论知识的理解以及对实际训练经验的总结，可体现出其对运动训练这一内容的理解程度。负责训练活动的人员的执教能力极大程度上取决于此。

从"理念"这一词语的一般含义上来讲，理念是大众以对客观事物的认知为前提呈现的一类理性观念，其以客观状态的事物为源头，却并非事物本身。所以说，负责训练活动的人员所具备的训练理念，并不完全由详细的训练活动决定，而主要源于其对有关理论层面内容的了解程度、对运动训练内容的理解深度和是否具备坚定不移的敬业思想（见图6.1）。

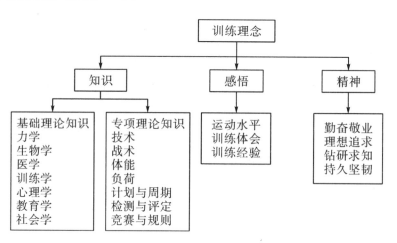

图 6.1　训练理念的构成

知识十分关键，它可以说是理念形成的基石，因此切实理解有关训练的基本常识和专项知识，是促使正确训练理念得以形成的必然要求。对于负责训练活动的人员而言，知识不但构成其训练理念，而且是促使该理念持续形成及更新的动力源头，其所掌握知识的品质和范围，是影响该理念准确性和领先性的主要因素。相反，若是负责训练活动的人员不具备相应的知识，则其不但难以获得正确的训练理念，而且会在面对变化丰富的实际训练时丧失判断能力，无法准确分析训练活动的发展形势，由于其所具训练理念缺乏充分的前瞻性，也难以对训练流程进行科学引导。

竞技运动的训练，具备非常显著的实践性特征，因此训练理念的组成中不但有思想理论层面的认识，同时也必须有对实际训练活动的感悟。感悟不但来源于过去的训练活动历程，也可以是活动开展时的体会，还可以是在教导过程中获取成功或经历失败后形成的经验。思想理论层面的认识在负责训练活动的人员的实际教学感悟中获得并加以凝练，因此思想理论层面和实际操作层面的综合，是实现正确训练理念必备的前提。通过长时间的实际训练活动发现，只有和项目规律相匹配的训练理念，才可以在实际训练活动中起到切实的引导作用；而和实际训练活动不具有对应关系的理念，是无法实现对训练活动的正确引导的，甚至有可能导致训练活动走向错误的方向。

要重点强调的是，负责训练活动的人员的实际操作能力，比如进行组织协调的能力、进行具体研判的能力、实现管理活动的能力等，与其所具备的训练理念是无关的。理念与实施处于两个层次，前者属于行为上的标准，具有约束、引导训练活动的作用；后者则是以前者为引导的具体操作活动。在实际训练活动中，经常出现实际能力和所持理念不相匹配的情况，如负责训练活动的人员具备正确合理的训练理念，但是不具备对应的实际操作能力，或者与此恰好相反时，即使在一定范围内两者能够互相补充，然而当两者差别过大，就必然会导致能力无法完全体现或理念不能有效实现，进而导致训练水平的提升面临阻碍或训练活动的基本方向不正确。

具备勤劳敬业、敢于创新的精神，是负责训练活动的人员获取成功的保证，同时也是训练理念能够逐步形成的关键因素。就理念的内在含义而言，训练理念从某种角度上来讲就是负责训练活动的人员内心处于理性层次的模型以及目标，这样的定位必定会使教练人员受到精神因素的制约，因此积极努力和务实钻研等优秀的精神特质不但是促进训练理念趋于科学精准的良好条件，而且渗透到了训练理念中会成为一项关键组成因素。由于运动训练所具备的特征，精神层面的特质必然对训练理念产生极为关键的影响，对运动成绩的追求是向个体生理极限的一次又一次挑战，成功与否往往只在一念之间，胜利或者失败是一道单选题，这正是竞技类体育活动的特点及其吸引人之处。持续提升、不断努力的精神内涵，是运动训练活动的根本性质以及规律，它和思想理论层面的认识以及训练活动的感悟相融合，最终形成了训练理念。

二、训练理念的特性

训练理念具备特殊性，和普通的训练理论认识存在差异，是负责训练活动的人员经过长时间训练活动所形成的体悟和经验的高度集中体现，和普通训练相比处在更高的层级。训练理念只要形成就难以再发生转变，但是要促进竞技运动的发展，就必须要实现思想理念的更新，而促使理念由陈旧转为领先需要经历繁复且艰难的过程。所以，负责训练活动的人员必须对训练理念的特性（见图6.2）具有充分认识，才可以对其进行持续的补充及优化，以促使自身对于训练的认知和理念一直具备先进性。

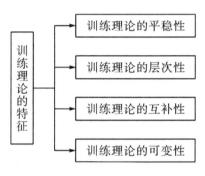

训练理论的特征
- 训练理论的平稳性
- 训练理论的层次性
- 训练理论的互补性
- 训练理论的可变性

图6.2　训练理念的特性

1. 训练理念的平稳性

训练理念是负责训练活动的人员在教学的失败和成功中长时间积淀并逐渐形成的训练观点。平稳性是训练理念应当具备的一项特性，训练理念作为训练活动的基本引导思想，一定要具备准确性、领先性和平稳性，才可以获得长期可持续的成长。同时，还应当明确训练理念的平稳性所起的作用并非完全积极的，也可能对训练活动产生消极的影响。对于负责训练活动的人员来说，训练理论的平稳性确保了训练活动的推进方向和基本流程的准确性以及连贯性，是不断培育高水平选手的关键因素。特别是对于部分长期处于优势地位的项目而言，技术能够长期保持高超水平就是由于其训练的科学性，而实现科学性的前提则是大量高水平教练人员的训练理念的平稳性和准确性。然而，若是负责训练活动的人员的训练理念不够准确，或是训练理念和实际训练活动的推进不相适应，其错误理念就会在很长的一段时间内得不到修正，进而导致训练活动在推进中遇到阻碍，严重情况下还会致使具体项目或是项群出现长时间的滞后。所以，当某个负责训练活动的人员所开展的训练活动或是某个运动项目的发展出现长时间停止或是滞后的情况时，最首要的任务就是对训练理念进行深刻反思。这样的反思不只是判断训练理念是否具备准确性，更为关键的是判断该理念是否具备充分的前沿性。准确的理念在某些状况下未必具备充分的前沿性，部分理念曾对训练活动具备极大促进作用，但是由于相关领域的不断发展，其可能已经对当前的实际训练活动不具有引导价值，即它是准确的，但并非前沿的。

2. 训练理念的层次性

训练理念，对训练主体而言就是对专项训练活动的总体性认知，对其组成架构来讲是能够具体到某个方面或是某个部分的训练理念，比如技术方面的训练理念、体能方面的训练理念，或是技术训练和体能训练关系的相关理念等。仅仅将训练理念看成思想理论层面的、宏观层面的，认为其是掌握训练推进方向的"思想哲学"，却并未真正认识到训练理念事实上就是对训练活动根本特征以及规律的体现和意识，未将其和实际训练活动进行综合性分析，而是将两者分离开来，将其置于实际训练活动之外，这是长时间困扰当前国内训练的问题。但是，训练理念并不仅仅是整体上对运动训练所形成的空泛认知，也决然无法仅仅通过寥寥数语就概括出对整体运动训练活动的认知，其必定具备层级上的分别，能够覆盖训练活动的各个方面，尤其是对部分关键问题，比如周期的排布、负荷的变化方向、青少年学员群体和高水平学员群体在训练活动上的衔接等。负责训练活动的人员如果要具备独立意识，就必须以训练理念作为基础支撑。

在实际训练活动中，各种方式和做法实际上都是可以回溯到相应的训练理念上的。下面以力量训练作为实例进行具体阐述：首先，必须要深刻学习运动训练方面以及力量训练方面的相关知识，并且在力量训练方面具备一定的感悟；其次，在此前提下判别力量对于专项运动的作用，探究其和技术等各类影响因子间的联系，同时对力量在专项运动中的意义和作用进行适当的评估，明确其位置；最后，才能实现兼具完整性（立足于训练的视角分析力量训练活动）和鲜明层次性（立足于力量训练的视角分析训练活动）的力量训练理念。

3. 训练理念的互补性

训练理念可以细分为两个主要构成部分：一是理论知识，二是训练感悟。它们之间既存在差别，又能互相补充。在训练理念的形成过程中，两者均是其吸收和捕获的目标对象。由于受教育背景以及训练过程的差异，不同负责训练活动的人员对于两者的汲取比重并不完全一致，并且该比重也不具备固定的数值。通常来说，两者对训练理念作用的大小取决于负责训练活动的人员本身的条件。若是个体的实际训练活动较为丰富，但是掌握的知识明显不足，则占据主要位置的要素就是经验；若是个体所掌握的知识较为充分，而实际训练经历较少，则占据主要位置的要素就是知识。在实际训练活动中，知识的深度和广度能够有效弥补实际经历的缺失，而大量的训练经历也可以对理论上的缺失进行适当的弥补，两者具有互相补充的特点，这也是判别执教风格的主要依据。根据占据主要位置的要素进行区分，可将负责训练活动的人员分成"知识型"和"实践型"。

此外，训练理念和现实操作水平两者间也具备互相补充的特点。训练理念和执教能力是具备明显差异性的：前者偏重理论层面，而且具有抽象性和整体性的特征；后者偏重实际操作层面，并具有具象性和微观性的特征。在某个范围以内，两者也具备互相补充的关系，比如在知识方面的缺漏能够借助高超的实力进行补充，整体上还是能够取得较高成绩的。然而，不管是训练理念内部要素所形成的互补关系，还是训练理念和实际运用能力间所形成的互补关系，都只有在适当的环境和一定范围内才能起到实效。部分负责训练活动的人员虽然具备充分的知识积淀，然而由于其在工作能力上存在缺失，也无法培育出高水平的学员；而部分负责训练活动的人员具备较强的实力，然而因为知识积累量明显不足，也无法具备较高的训练能力。因此，知识和经验是组成训练理念的必备要素，若是其中一个要素无法达到最低标准，仅仅有一个要素处于先进水平，也不能实现训练理念的领先性。

4. 训练理念的可变性

训练理念不但具备延续性和平稳性，同时也要随着相关训练理论的发展进行优化，随着实际训练经验的丰富而有所提升和转变。当前科技水平迅速提高，对竞技训练领域也多有渗透，竞技训练领域出现了深刻且明显的变化，在此背景下负责训练活动的人员所持训练理念必然也要持续优化。实际经验表明，某个运动员成绩的迅速提升，乃至某个项目水平的迅速提升，一般都与负责训练活动的人员对训练理念的完善和更新存在紧密关联。训练理念的优化和更新，一是对所掌握知识的学习更新，二是对训练活动感悟的深刻思索。前者能够促使负责训练活动的人员具备更加广泛的思维，提升其思想境界进而促使其创新性有所提升；后者能够促使负责训练活动的人员将思想理论层面的认识和实际操作层面的行为联系在一起，实现两者间更为深入的融合，使训练理念能够对实际训练活动起到更强的引导作用。

训练理念的转变，是以对当前理念的持续反思和否定为前提的，该过程并非纯粹的理论知识更新，从某种意义上来讲，它是对原先所持理念的一种否定，这是极为艰巨且具备反复性的过程。所以，训练理念的转变不可只以客观的推动力为支撑，比如训练活动所获效果减弱时，负责训练活动的人员应对相关理念进行审视和转变，奋发拼搏的思想和创新的思维是促使训练理念转变的基本动力。

第三节 训练理念的发展

现今竞技体育的进步与训练理念的更新是密不可分的，训练理念的更新不仅促使运动员的技术得到提升，也使得特定的项目有了巨大进步。训练理念的更新一定会伴随着传统观念与创新观念的矛盾，而一个运动项目也正是在这种矛盾中一步步进化而来的。

一、理论的科学性日益加强

训练理念是指深层次地去剖析训练的复杂内部原理，而非简单地进行描述。尽管大家可以用简单的观点去概述这样的理念，但是也要认识到每一个训练理念都需要很多深入的理论知识以及大量的经验对其加以支撑。

训练理念发展绝不单单是知识的创新和感悟的变化，还取决于训练认识的进步。传统的观念之所以无法符合当下的发展要求，主要因为如下两方面：一是知识没有及时更新，这就导致负责训练活动的人员无法高效地指导当下的训练；二是太过关注过往的经验以至于让人们误把经验当作科学，从而丧失了创新的能力，导致效率降低。

理论层面的认知不深入是限制训练理念快速进步的一大因素。长久以来人们没有重视专项训练、运动周期性以及恢复等问题，而是始终以以往的观念来指导训练，所谓的部分改变也止步于形式的变更，而并没有从根本上去认识问题。也正是因为这样，这些年来人们并没有花精力去分析研究理论深化问题。如对于训练的周期性是否合理的疑问，大家首先想到的就是在原本的模式下去改良问题，这就导致了训练周期模式虽然发生了相应的改变，用双周期或多周期来替换单周期，可是这并没有从根源上改变其本质。我国体能类项目的训练长时间以来相对落后于西方发达国家，这与特定项目的训练理论相对落后相关。所以不难看出，理论的落后会拖延训练理念的进步，进而使训练水平无法有效提高。

随着时代的高速发展，训练理念想要进步就不能只着眼于项目或训练本身，而是要寻求其他学科的帮助，在多个领域综合性地寻求可能帮助到训练理念提升的元素。创新的观念以及知识层面的丰富为训练理念的进步提供了极大帮助，20世纪七八十年代，人们将信息、系统以及控制等理论应用于训练理念的研究上，极大地促进了特定项目的训练提升。

二、专项训练理念的核心突出

训练理念是在大方向上把控并指导人们的训练的，不过实践是检验真理的唯一标准，随着实践的增加，大家渐渐意识到即便理念的方向和定义都是正确的，但是过于宏观层面的理念并无法对现实中的训练起到特别明显的指导作用。其实这就是因为人们对于特定训练项目缺乏深入的认知，没有在特定的训练上形成具有针对性的训练理念。

竞技体育的项目多种多样，而围绕每一个不同的项目都可以形成相应的训练理念，这些理念不仅是运动员训练时应当遵循的理念，同时也是教练员指导训练的基本条件。由于缺乏具有条理性和框架性的训练理念，我国的一些专项运动始终无法取得较大的发展，训练也无法按照正确科学的方式得以展开。因此，对我国的许多专项运动的研究也成为重要课题。这些专项运动不仅包含了新型的竞技项目，当然也包含了传统的竞技项目，它们都需要在深入探究中发现其特定属性，并以此为基础对专项的训练理念进行完善和改良。就像是那些由来已久的竞技项目，从根源上对其进行研究不仅可以重新审视其发展过程，发现以前没有重视的一些问题，而且体现出将专项特征作为出发点的训练理念还存在不少结构上的矛盾。

没有结合特定项目的属性所得出的训练理念并不能有效地提升训练的水准，不但如此，训练还可能进入误区。我国一些体能类项目之所以较少取得有效的进步，是因为运动员在爆发力和耐力上的不足。虽然许多专项运动很早就发现了这样的问题，也尝试进行改变，但取得的结果却不尽如人意，根本的问题在于教练员没有充分且科学地认知到爆发力和耐力对于训练的重要作用，对不同的耐力（如在有氧和无氧的不同情况下展现出的耐力）和力量（如力量极限及反应力量等）的认知不足，导致教练员无法正确地识别出最能影响专项运动水平的因素，也就没办法规划出系统的训练架构以及科学性地指导训练。我国在一些体能项目，尤其在"中距离"项目上同体育发达的国家相比还存在差距，这实际上是由于中国的教练人员对"三个能量供应系统"等系统理论知识缺乏充分认知，相较于难以把握能量关系的"中距离"项目，人们在"长距离"及"短距离"项目上可以比较清晰地去了解其能量关系。因此，教练人员在进行"中距离"训练项目时太过关注无氧训练，而忽视了有氧训练的重要性。

为了改变这样的现状，我们不仅要在专项化训练观念的研究上多下功夫，而且要让教练人员的思想观念得到提升，不能只将重点放在全面或基础层面，而是要提升自身的专项理论知识储备，以此来指导当下的专项训练。不仅如此，教练人员还应该在实践当中不断进行反思和积累，使自身的理论知识及理论规律上升到新的层面，只有这样才可以高效地指导训练。

三、对疲劳和恢复关系的重新认识

疲劳和恢复会使运动员逐渐适应训练当中的负荷。首先，在训练当中人体的运动能力会随着负荷的增加而下降，这就是我们说的疲劳；其次，训练过后机体又会对这些疲劳进行修复。而运动水准的提高也正是在这样反复的疲劳和修复当中完成的。根据以往的情况来看，人们其实将更多的关注点都放在了训练上，也就是疲劳，而对于恢复这一板块，人们却极容易忽视其重要性。产生这种现象的原因是大家普遍认为训练当中的行为是由人来定制的，应该把控其强度和方式，而恢复则是一个机体进行自我修复的过程，不需要花费过多的精力去关注它。这就导致人们对恢复缺乏科学性的认知，容易使训练超过运动员的最大负荷，进而对机体造成损伤。

对于训练界来说，人们一贯以超量恢复的学术理论来说明训练者的机体能力在训练条件下的改变。这样的理论极大地影响了教练人员的思想，也是当下教练人员对刺激→疲劳→恢复过程的认识基础。不过就超量恢复这一学术理论而言，其本身就存在一定的缺陷，例如它并没有给出机体对于训练所能承受的最大极限，就会使大众误以为能力会随着训练的量和强度提升而无限增长。因此，如果单纯地按照超量恢复理论对训练进行指导，就有可能导致运动员的机体受到损伤，这不仅不符合机体的运行规律，也会使教练人员由此对训练产生错误的认知。

第四节　运动技术训练的方法

一、直观法

直观法是指充分运用训练人员的感官，对技术要领形成一个直观的理解，并提高其对技术动作的认知。这可以让训练人员更清晰地掌握训练手段及理念，例如由教练人员为运动员做示范就是直观法的最直接体现。

使用直观法的注意事项如下：

（1）训练人员要根据现实情况，尽可能地使用直观法进行表达，将多个感官结合起来提高自身的感受能力。各项感官的作用是阶段性的。

（2）要调动训练人员的积极性，提高其主动思考的能力，积极运用直观法来指导训练。

（3）因人而异，一些运动理解能力稍差且年纪较轻的训练人员，应更多地采用录像的形式进行学习。

（4）采用直观法训练时，训练人员一定要保证自身的绝对规范，这对训练人员掌握技术要领和养成观念都有着极大的意义。

二、语言法

语言法是指在训练当中通过口头传达及口头指导来让训练人员掌握技术要领的方法。它的重要性在于可以较为直观地指出运动员的错误并指导运动员学习。

使用语言法的注意事项如下：

（1）要做到精讲多练。

体能训练大多情况下是以身体实践为主的，在体能训练过程中，对于训练的密度把控是极为重要的。为了提高训练的效率，教练人员应当在语言指导方面尽可能地做到简明扼要，抓住重点，而这就需要教练人员充分地掌握训练的核心本质及技术要领的精髓部分。如此，训练人员才能对教练表达的意思轻松理解和掌握，这不仅方便训练人员记忆内容和掌握技术要领，而且会在训练人员的脑中形成一种潜意识，对教练传授的精华内容反复进行理解和实践，从而提高训练效率。

（2）要善于运用比喻。

除专业术语之外，教练人员在讲解训练内容时应该适当地使用一些比喻，让训练人员可以更轻松地理解其表达的意思。

（3）准确使用专业术语。

教练人员对于专业术语的应用一定要注意使用情况，使用时不能超出训练人员的认知范围，也不能使用比喻，容易使训练人员产生混淆。利用专业术语来培养运动员对于训练的理解，让其可以在日后的训练中更快更直观地接受教练的指导。

（4）训练时可以利用相应的口诀。

对于一些较为烦琐的讲解内容，教练人员可以使用口诀将要表达的内容变得简单且清晰化，让口诀和技术要领相结合。

（5）以科学的语言进行讲解。

教练人员指导训练人员的话语一定要有严谨的逻辑思维，要符合科学的训练理念，要经得起反复推敲，不可敷衍了事。

（6）语言要具有相应的艺术感。

教练人员讲解的语言应当生动有趣，具有一定的艺术性，不仅可以让运动员更容易接受，也能缓解其心理负担。

（7）把握恰当的训练时机。

在运动员刚接触一项新的训练时，应当降低训练的频率，首先让运动员以自己的理解去进行实践，当其已经对技术具备了一定认知时，再着重对其进行训练，让其加深对于训练理念及动作要领的认知。

三、分解法

将整体的训练动作分解成多个相对独立且容易理解的小部分动作的训练方式就称作分解法。对于一些比较烦琐的训练来说，这样的方法可以改进技术动作，并提高训练效率。

使用分解法的注意事项如下：

（1）对于相对烦琐的训练项目要优先考虑分解法。

（2）对于存在技术危险性的训练项目要优先考虑分解法。

（3）对于有很高的身体素质要求的训练项目要优先考虑分解法。

（4）对于分解法的应用要注意按照科学的方式将技术动作进行分解。

（5）要重点关注分解法使用时的分解训练，做到步步为营。

（6）不应该长期使用分解法，而应该将它与完整法结合起来指导训练人员进行实践。

四、完整法

完整法是指让运动员熟悉了每一个训练环节之后，再对整个训练项目进行实践的一种练习方法。这个方法重点是针对相对简单的项目以及已经熟练把握每一个环节的专项训练展开的。

使用完整法的注意事项如下：

（1）对于简单的训练项目，教练人员应当关注该项目的竞争性以及多元性，提高运动员的自主竞争意识，以保证其高涨的训练情绪。

（2）对于不容易进行分解的项目而言，教练人员应首先考虑将项目的难度稍做调整，使其更容易被接受，例如速度与力量方面的调整，这样可以极大地提升运动员的训练热情，并建立信心；其次，教练人员应重点关注该项训练的核心，做到准确地把握并以核心内容作为发散点进行延伸；再次，教练人员对于训练的目标设定应当采取循序渐进的方式，逐步强化对运动员的要求，激发其努力完成的信念；最后，对于较为繁杂的训练，教练人员应对运动员进行辅助及保护，在确保运动员不会受伤的前提下提升其对于该专项训练的认知。

第五节　运动技术训练的要点

一、身体动作与器械的结合

对于球类等需要结合器材进行训练的项目而言，教练人员要全面考虑到训练实际在竞技中发挥的作用，要将动作要领及训练内容和特定项目进行充分融合，从而达到高效训练的目的。

二、快速运动与激烈对抗的结合

纵观对抗性竞技的发展历程可以发现，随着训练理念的提升，比赛对于运动员在效率方面的表现要求越来越高，因此要想提高运动成绩，就要让运动员自身可以更高效地完成竞技内容，使其在更小的空间内精准地完成技术动作以节省时间，或是在相应的时间内加快移动的速度以提高效率。

三、稳定性和适时变化的结合

技术动作的规范是保障运动员高效完成竞技的先决条件，在这样的前提下，若运动员可以准确抓住动作变化的时机，就可以具有完成各类高难度技术动作的能力。

四、协调统一和个体差异的结合

对于团队竞技来讲，将各个运动员的专项技能进行最大化发掘，可以极好地配合整个团队的打法，也能让各个运动员最大限度地发挥其差异性优势，使团队的效率得以提高。

五、全面性与个人特长的结合

对于任何一个运动员来说，是否具备竞技的大局观是决定该运动员是否可以达到高水准的关键，且对于以技能为主导的项目来说尤为重要。个人的独特优势可以为整体提供更多的战术选择，对于极为出色的运动员来说，甚至能以这样的优势为自身设计独特的战术打法，这样的战术也极可能成为关键时刻的制胜利器。

六、技术的运用与专项意识的结合

对于竞技动作来说，基本上所有的运动员都是相差不多的，不过在竞技中运用技术的时机以及运用得是否合理会在极大程度上影响竞技的走向。

七、技术动作高度的稳定性、准确性和协调性的结合

基本上所有的体育竞技都对运动员规定了竞技动作完成的时间及次数，所以要使运动员可以高水准地进行发挥，就一定要确保其技术动作做到协调、稳定及准确，才可以降低竞技中出现失误的概率。

八、技术原理和个体技术特征的高度结合

对于运动员来说，一定要找到适合自身机体的技术动作，同时对技术动作的设计也应该符合运动员的习惯及自身条件。

第七章
运动员战术能力及其训练

战术能力是运动员参与运动竞赛的重要能力，随着现代运动竞赛的发展，运动员是否具备战术能力已成为运动员能否参与比赛的重要标志。战术能力具体是指个体运动员和整体运动队具备或使用战术的能力。运动员战术能力的优劣体现在其战术观念是否优越、个人战术思路及全队战术思路的高低、一般和专项战术理论知识的储备多少、所运用战术行为的质量高低、运动战术是否具有针对性和实用性等方面。不同竞技项目对运动员的战术能力要求大相径庭，技能主导类格斗对抗性项群、同场对抗性项群、隔网对抗性项群对运动员战术能力要求最高。

第一节　战术的分类

一、按战术表现特点分类

1. 阵型战术

阵型战术主要是指在集体项目中以相应的阵型，对每名运动员有一个相对具体的位置要求，并按具体情境下的要求相互分工协作，从而表现出一个相对完整的阵型去努力获得比赛成绩的战术行为，如足球项目中的攻防阵型演化。

2. 体力分配战术

体力分配战术是指通过体力的科学分配而获取竞赛成绩的战术行为，主要运用在体能主导类项群的周期耐力性项目中，如马拉松、自行车等项目。

3. 参赛目的战术

体能或技能主导类项群的运动员根据个体参赛目的，比赛时分别采用破纪录战术或获取锦标战术。选择这两种战术一般需要具备以下条件：运动员本身已拥有创纪录或夺标的竞技能力，以及保持了一定的竞技水平状态；运动员已融入比赛环境，较为了解主要对手的状况。

4. 心理战术

心理战术是指利用一些合理的方式和手段，对参赛对手在竞赛时的心理施加干扰，使对手不能轻易或流畅地完成其计划的战术策略。心理战术的主要目的是建立己方的心理优势，使对手在运动表现中处于心理劣势，扰乱其战术部署和比赛计划，影响其正常的技术发挥。

二、按参加战术行动的人数分类

1. 个人战术

个人战术是指个人的战术行为，在拳击、摔跤、跆拳道、乒乓球、羽毛球等单人项目中运用较为普遍。在足球、篮球、排球等集体项目中，个人战术行动是组成集体战术表现的重要基础。

2. 小组战术

小组战术一般指技能主导类隔网对抗性项群中参加双打项目的两名队员之间相互协作所执行的战术行为，以及在如足球一类的集体性项目中，两人或两人以上协同完成比赛的战术行为。

3. 整体战术

整体战术是指赛场上同一运动队的全部运动员按计划好的战术方案采取行动的战术行为。在集体对抗性项群中，整体战术具有关键的意义，合适而高效的整体战术往往是取得理想成绩的重要因素。

三、按战术的攻防性质分类

1. 进攻战术

进攻战术指利用进攻的机会，通过个人的表现或集体的协同，向对手发起主动进攻的战术行动。

2. 防守战术

防守战术指由个人、小组或整体合理协作采取的妨碍对手进攻的战术行动。

3. 攻防转换战术

攻防转换战术指比赛中两方处于攻防变换的态势时，为力争主动、力求比赛情势向有利于己方的方向转化而采取的战术行动。

四、按战术的普适性分类

1. 常用战术

常用战术又称基础战术和常备战术，是运动员（队）在长久的比赛实践中总结而来的，普遍适用的战术行动。

2. 特殊战术

特殊战术是指在比赛中针对对手的情况特意制定的战术，"一次性效应"是这种战术的显著特征。在夺取比赛优胜的零和博弈中，特殊战术的有效执行极为重要。

常用战术能力是评判运动员（队）实力的重要标志，而能否安排出立竿见影的特殊战术，并使之与常用战术相互协调融合，是评价高水平教练员的关键指标。

第二节　战术训练方法

战术训练方法的使用应依据具体比赛的要求，应有利于发挥运动员的技术特点，应能激发运动员的主动意识和进取心态。

一、分解与完整训练法

分解训练法是指把一个整体的战术组合过程分解为若干个独立的部分，然后分具体步骤进行练习的方法。这种训练法常在理解一种新的战术配合形式时采取，其目的主要是让运动员学会某种战术配合的基础流程。

完整训练法是指整体地进行战术组织、合作练习的方法。这种方法一般在运动员已具备相应的战术理论知识和战术运用能力后使用，其目的在于使运动员能够合理地完成整体战术组合过程。

二、减难与加难训练法

减难训练法是指以低于正式比赛的要求进行训练的方法。这种方法常在战术训练的起步阶段使用，如同场对抗性项群的球类项目中，最初可在弱对抗或不对抗的环境下完成战术练习，一旦运动员掌握战术的一般流程，应循序渐进地强化防守，提升难度，以达到比赛要求。

加难训练法是指以高于比赛的要求进行训练的方法。这种方法的目的是提升运动员在混乱多变的情况下使用战术的能力。采用的方式一般有：制约完成技术动作的时空条件（如控制场地、缩短时间等）；与水平更高的运动员或运动队竞技；采用比正式比赛条件更严苛、更复杂的要求进行训练等。

三、虚拟现实训练法

虚拟现实训练法是指运用高科技设备，将将来可能出现的比赛场景提前在电脑上"虚拟"展现出来，从而促使运动员提升预见能力及在各种情况下灵活有效地运用战术能力的训练方法。这种方法目前在德国、英国等足球队中已运用得较为普遍。不难预料，随着高精尖技术手段在运动训练和竞赛中的大面积运用，虚拟现实训练法也将在越来越多的项目中得到使用。

四、想象训练法

想象训练法是一种心理能力训练方法。在这种方法的指导下进行战术表象回忆，能够帮助运动员在大脑中建立丰富而精准的战术运用表象。

五、程序训练法

程序训练法是近年来从教育教学场景引进的一种训练法。在运用程序训练法进行制胜训练时，除了应遵循由易到难、由简到繁、从固定到变化的一般性程序，还应特别注意制定不同项群战术训练的特定程序。体能主导类项群可考虑采用如下训练程序：不同战术方案优化甄别—熟练—不同境况下实践战术训练—在接近真实比赛条件下进行训练。技能主导类对抗性项群可考虑采用如下训练程序：弱对抗等消极防守训练—积极防守训练—模拟比赛训练—实战调整。

六、模拟训练法

模拟训练法是指在取得准确情报信息的基础上，运动员在模拟的比赛环境中，与模拟实战比赛中主要对手的陪练人员进行对练，从而获得特殊战术能力的一种针对性的训练方法。随着运动训练实践的发展，模拟训练法的应用范围越来越大。模拟训练法不仅应用于技能主导类格斗对抗、隔网对抗、同场对抗类项群的战术训练之中，而且也逐渐运用于体能主导类项群中，使运动员能针对比赛场域、天气、竞赛安排等具体情况进行战术准备。

七、实战训练法

实战训练法是指在比赛中培养战术能力的方法。这种方法可使运动员对运用战术的认识更具有针对性、更为深远。在参加重大比赛前，运动员往往会参加一些邀请赛或热身赛等，其目的之一就是演习即将在相关比赛中使用的战术，以检验其效用。

第八章
运动员心理能力与运动智能

第一节　运动员心理能力及其训练

一、运动员心理能力概述

（一）运动员心理能力释义

运动员心理能力是指运动员与训练竞赛有关的个性心理特征，以及依训练竞赛的需要，把握和调整心理过程的能力，是运动员竞技能力的重要组成部分。

运动员的个性心理特征，在其从事竞技体育活动时起着重要的作用。研究发现，多血质、粘液质的人常在比赛中表现出较高的运动水平，相比较于胆汁质和抑制质的人更适合参加运动训练。观察力敏锐的运动员，通常善于在比赛中抓住机会。想象力较为丰富的运动员更加具有创造性。能够高度集中注意力的选手则在训练和比赛中表现出坚韧不拔的精神。运动员的心理过程和特点对于其竞赛和训练的行为有着非常大的影响，对祖国、对人民强烈的责任感，会推动运动员坚持刻苦训练和顽强拼搏，而出色的意志品质则能保证运动员的竞技能力在比赛中充分甚至超常发挥。总之，运动员的技能、战术能力、运动智能、体能等都只有在运动员的心理能力的配合和参与下才能在竞技运动竞赛和训练中完好地体现出来，心理能力在不同的状况和不同的条件下对运动员的竞技能力的作用也有所不同。

在竞技体操、跳水、花样滑冰等项目的竞技能力结构中，技能起着主导作用；在举重、游泳、自行车、田径等项目的竞技能力结构中，体能起着主导作用；在各种球类运动以及拳击、摔跤、击剑等项目竞技能力的结构中，技能和战术能力共同起主导作用。对于这些项目，在大多数情况下运动员的心理能力的作用是非常重要的。

在现代社会，凭借发达的网络和自媒体，训练方法的传播非常之快，没有秘密可言。高水平运动员的技术、技能、体能等没有很明显的差别，比赛结果非常接近，因此常常是心理状态、心理能力的差别更能影响比赛结果。运动员的水平越高，竞争越激烈，心理能力对比赛结果的影响就越大，其有时还会成为比赛中的决定性因素。

心理能力训练一般分为两大类，即专项心理训练和一般心理训练。一般心理训练可以发展运动员的基本心理素质，使其形成适应参加训练和基本比赛的健康稳定的心理特征。专项心理训练则是为了使运动员形成从事艰苦枯燥的专项训练和参加专项的竞赛项目，特别是高水平竞赛所需要的个性心理特征。诸如中长跑、赛艇、自行车等耐力性项目运动员需要顽强的意志品质；对抗性项目选手需要准确的判断能力；竞技体操、跳水等要求复杂技巧的项目运动员需要有高度自控能力；花样滑冰、艺术体操选手需要出色的表现能力；跳高、撑竿跳高运动员需要超越更高横杆的强烈欲望与必胜信念等。

按照比赛与训练的关系，一般将心理训练分成两种类型，即日常性（训练期）心理训练和比赛期间心理训练。一般来说日常性（训练期）心理训练主要用于改善运动员的个性行为和心理特征，比赛期间心理训练主要用于调整运动员的心理状态。

心理状态通常会影响运动员的比赛成绩。赛前，选手的技战术能力及体能相对稳定，其心理状态通常较为活跃，所以在比赛之前要去激发运动员的比赛动机，增强运动员的自信心，使其建立既灵活又稳定的比赛思维。

在运动员的比赛过程中，比赛环境的不停变化会对运动员的情绪造成影响，所以保持良好稳定的情绪，是运动员在比赛中发挥出应有的技战术能力和体能的关键因素。

运动员在结束比赛后的心理状态调节也是心理状态训练的一个重要的部分。对于失败的一方，教练员需要通过一定的方式方法来消除其比赛失败的消极情绪；而对于获得比赛胜利的一方，教练员需要肯定他们在比赛中的积极情绪，胜利的一方也同样会有消极情绪，只不过胜利掩盖了在比赛中的消极情绪而已，对此也要进行疏导，同时要引导运动员克服由于不能正确对待胜利而产生的自满、松懈等不良的情绪体验。

在平时的训练中，心理训练主要以改善运动员的个性以及心理特征为主。应根据运动员年龄、训练年限以及所处训练阶段，安排好一般心理训练与专项心理训练的比例。基础训练阶段的少年选手，应以改善一般的个性心理特征为主，随着专项训练任务的加重，为适应专项特点的训练和竞技需要，个性心理特征的专项心理训练安排比重则逐渐加大。

二、运动员心理能力训练的常用方法

(一) 意念训练法

意念训练法是指运动员有意识地、积极地利用头脑中已经形成的运动表象或充分利用想象进行训练的方法。

意念训练对技战术训练非常有效。例如运动员通过想象在大脑中留下动作技术的痕迹，然后通过练习把这些存在大脑中的痕迹有序地激活，可使技术动作完成得更加顺畅。再比如，在练习之后，运动员通过对刚刚训练的内容进行回忆，并在大脑中巩固技术动作。

意念训练时应注意：在运动员进行冥思训练法时，一定要有思维运动，要有意识地发展思维，使冥思练习与各种运动感觉结合起来，把头脑中的想象变成运动中机体的"活力"。同时，运动员注意力应高度集中，闭目练习常可获得良好效果。

从某种意义上讲，自我暗示也属于意念的范畴，运动员在比赛前进行意念训练，一方面可以想象完美的动作过程，另一方面也可以用暗语进行自我动员与激励，从而取得技术想象与心理调控的双重效果。

(二) 诱导训练法

诱导训练法是指运动员在训练中采用有效刺激物把心理状态引导到某一个事物或方向上去的训练方法，可为顺利完成训练与比赛任务建立良好的心理状态。从广义上讲，意念训练法也可以视为一种自我诱导方法。与意念训练法相比，诱导训练法的不同之处在于，运动员的训练是通过教练员、心理学专家等他人的诱导，或用录像带等外界刺激来完成的。意念训练法的诱导者是运动员自己，诱导训练法的诱导者则是他人。诱导的途径是多样的。诱导者常常发出语言信号，由运动员的听觉器官接收信息，并按预定要求去实施。鼓励与批评、说服与疏导、启发与幽默都是语言诱导的常用手段。1981年中国女排在第一次夺得世界冠军的比赛中，与美国队比赛开始前30秒，教练员袁伟民没有向队员讲打法，也没有提思想作风的要求，在剑拔弩张的紧张气氛之中，他只要求队员们"打一场轻松的球、愉快的球"。结果，比赛进行得很顺利、很成功。诱导者也可以通过做示范、展示图片、放视频等方式，把诱导信息传递给运动员，经由运动员的视觉器官接收信息，并按预定要求去实施。

使用诱导训练法应注意：所采用的诱导手段应是运动员感兴趣的，能引起运动员注意力转移的。诱导者既可以是教练员、心理学家，也可以是同伴，但均应是运动员愿意接受的诱导者。应从诱导的目的、手段、信息传递方式及结果等多方面计划安排诱导训练，切不可随意滥用，以防产生负向影响。

三、几种心理现象及克服方法

(一) 心理紧张的克服方法

运动员在参加重大比赛之前需要一定的紧张心理，以便把机体各组织、器官、系统动员起来，特别是要提高中枢神经系统的兴奋性，以便动员人体潜在的能量，在比赛中创造出好成绩。但是，心理过度紧张，会使大脑皮层对自主神经系统和皮层下中枢的调节活动减弱，呼吸短促、心跳加快，更有甚者四肢颤抖、尿频，这必然会使运动员心理活动失常，很难把注意力集中到比赛上去，对动作知觉和表象模糊不清，对教练员的布置与嘱咐听不进去，失去控制自己行动的能力等，这些都会影响比赛结果。造成运动员心理过分紧张的原因很多，如训练过度而恢复不好，睡眠不足，压力过大，害怕对手，对成绩期望过高，过去失败表象的重现等。

心理紧张的克服方法有以下几种：

1. 表象放松法

表象放松法是使运动员想象他通常感到放松与舒适的环境，让运动员在脑子里将自身置于这个环境之中，使身体得到放松。使用这种方法的关键在于使表象中的环境清晰，在大脑中能生动地看到想象的环境，增加情境对运动员的刺激强度。

2. 自我暗示放松法

自我暗示放松法先由教练员指导运动员依次放松身体的各个肌肉群，同时增强呼吸，经过几次指导之后，再让运动员自己独立练习。运动员在开始时要花费较长的时间才能使全身肌肉放松，长时间训练后会使时间逐渐缩短，最后可用较少时间使全身肌肉得到放松。在进行放松时还可使用暗示语或录音带。

3. 阻断思维法

运动员由于信念的丧失出现消极思维，引起心理紧张时，可通过大吼一声，或者向自己大喊一声"停止"，去阻断消极思维，以积极思维取而代之。教练员还可以确定一个响亮的信号供运动员阻断消极思维。此外，教练员还可帮助运动员确定一个用以代替消极思维的积极且切实可行的活动，以阻断消极思维。

4. 音乐调节法

音乐能使人兴奋，也可使人镇定。音乐给予人的"声波信息"可以消除大脑产生的紧张感，也可以帮助人集中注意力，促使大脑的冥想并然有序。在大赛之前，让心理紧张的运动员听听音乐，可以调节其情绪。

61

5. 排尿调节法

人在情绪过分紧张时，会出现尿频现象，这是因为情绪过分紧张，大脑皮层抑制过程减弱；兴奋过度，也会使得大脑皮层下中枢和自主神经系统调节作用减弱，如果能及时排尿，会使运动员产生愉快感，便可使心理和肌肉得到放松。

（二）消极情绪的克服方法

消极情绪是指运动员在激烈竞争的刺激下，对超限心理负荷所产生的一种失常的心理体验，表现为恐惧感、情绪失控、紧张过度、心情不安等一系列的心理状态。消极情绪的生理性变化主要是呼吸困难，四肢无力，心跳加速等，并可能导致注意力下降，知觉迟钝，行为刻板，对比赛失去信心。

克服消极情绪的方法有以下几种：

1. 激励法

教练员应根据运动员的个性与客观环境，积极激发运动员的比赛士气，将消极情绪转化为积极情绪。

2. 转移法

恐惧不安和某些紧张情绪往往是由思维定式引起的，对这种情绪可以使用注意力转移法，通过一些能吸引运动员注意力的刺激物来消除引起消极情绪的诱因，从而使运动员减轻或者排除消极的情绪。

3. 暗示法

暗示法通过一些刺激物对运动员的心理状态进行调节。例如，教练员从容的表情、稳健的步伐，以及一些适合的语言，这些都能使运动员的消极情绪得到缓解。运动员也可以通过对自己进行心理暗示来引导或调整自己的心理状态，使消极情绪得到有效的控制。

4. 体验法

运动员可通过参加比赛来提高对紧张、恐惧的免疫力，从而在接下来的比赛中有效控制消极情绪。

第二节 运动智能及其训练

一、运动智能概述

运动智能是智能中的一种，是指运动员以一般智能为基础，运用包括体育运动理论在内的多学科知识，参加运动训练和运动比赛的能力，是运动员总体竞技能力的重要组成部分。现代运动训练与比赛对运动员智能水平的要求越来越高，甚至可以这样说，在某些情况下运动员智能水平的高低是决定比赛成败的关键，因此，要求每个运动员要充分理解运动智能对训练与比赛的重要意义。

有较好的运动智能的运动员，对于自己所从事的竞技专项的特点和规律有着非常好的把握，对于训练的方法和理论也有着更为准确的体验和认知。所以他们在运动训练过程中就能够更加正确地了解教练的训练意图，可以以自觉的行为来准确配合教练有序高质地完成预定的计划，从而使自身总体能力得到有效提高。

具有较高运动智能的竞技选手，能明显缩短学习过程，熟练掌握运动技巧，善于正确地理解先进合理的运动技术。他们能够更为准确地把握运动战术的精髓和实质，在比赛中善于灵活机动地运用战术；具有较多的心理学知识的竞技选手，善于动员和控制自己的心理活动，从而保证在竞技中更为出色地发挥已有的竞技水平，表现出更高的总体竞技能力。

运动智能是以一般智能为基础的，提高影响智能的各个因素，如提高运动员的观察力、注意力和思维想象力等是提高运动智能的基础。一般智能训练的基本方法如下：

1. 观察力训练

观察是受思维影响的有目的的知觉活动。观察的基础是感觉，观察力是运动员应具备的主要智力因素。培养运动员的观察能力十分重要。运动场上的信息多是转瞬即逝的，如果运动员观察能力较差，见到快速变化的景物往往会眼花缭乱，无法记忆，得不到思维材料，由此引发的行为只能是盲动。人在长期观察周围事物的过程中，掌握了观察方法，养成了观察习惯，形成有个性特点的观察能力，即观察力。培养运动员观察力的最基本的方法就是在比赛、训练时经常布置观察任务、传授观察方法、培养观察习惯。教练员初次布置观察任务时，应做好准备，列出计划，明确任务，指明观察重点、程序，以及撰写观察报告等。运动员掌握了观察方法之后，教练员应及时布置观察任务，并逐步提出更高的观察要求。

2. 记忆力训练

记忆是以保持、识记、再认和回忆的方式对经验的反映。记忆是运动员重要的智力因素。人的记忆分为情绪记忆、逻辑记忆、形象记忆和运动记忆。无论哪种记忆都是由感知记忆经短时记忆的强化转化为长时记忆的。记忆力训练就是发展运动员的记忆敏捷性、持久性等品质。发展记忆力的做法包括经常布置记忆任务，如记一次比赛成绩、一场比赛情境、一组连续动作形象；复述、回忆记忆材料；及时把感觉记忆转化为短时记忆、长时记忆；学习记忆方法，掌握记忆技术。

二、运动智能训练

运动智能训练的主要目的是传授知识、掌握技能和开发智能。知识是人们实践活动的结晶，是客观事物的属性、联系及规律在人们头脑中的反映。通过技能训练，既可使运动员掌握运动技能，又可开发运动员的智能，促进运动员脑神经的活动。占有知识、掌握技能与开发智能是互为条件的，智能的开发离不开知识与技术，运动员占有知识与提高技能也离不开智能活动，但智能的开发又与知识的占有与技能的提高有所区别。在传授知识和提高技能的同时，为达到开发智能的目的，应组织运动员积极进行理解、领会、判断、巩固、归纳、推理等一系列思维活动，使知识和技能"智能化"，使智能活动融于知识占有和技能掌握的活动之中。

运动员学习掌握专业理论知识与学习其他文化知识，在方法上既有共同的要求，又有各自的特点。

1. 学习文化理论知识的一般方法

阅读自学、教师讲解辅导、小组讨论、完成作业、专题研究等都是文化知识学习经常采用的形式与方法。当然，学习者文化层次不同，在学习的组织形式与采用的方法上会各有侧重。运动员的专业理论知识学习也多采用与文化理论知识学习相同或相似的形式与方法。

2. 结合训练实践学习专业理论知识

运动员学习掌握专业理论知识的特殊要求在于紧密结合运动训练的实践，以取得实际效果。训练理论应该源于训练实践，高于训练实践，进而有效地指导训练实践，所以学习专业理论知识一定要结合训练实践，特别是运动员自身的训练实践来进行。为此，运动员要注意认真理解训练计划，认真记好训练日记，认真进行训练总结，带着训练中发现的问题去学习，去思考，学好、学通。运动员在结合自身训练实践学习理论知识的同时，还应注意观察和研究自己的同伴、对手及国内外优秀运动员的训练实践，并且对其进行科学的比较，从中发现和理解训练规律。

3. 广泛学习相关学科知识

科学的运动训练活动要求它的参与者具有丰富、多领域的学科知识。如运动生理学、运动解剖学、运动心理学、体育社会学及体育美学等学科知识，都对科学地组织运动训练活动和成功地参加运动竞赛有着重要的意义。因此，运动员不仅要学习本专项运动的理论知识，还必须学习多学科的有关理论知识。

4. 提高应用理论知识的自觉性

教练员和运动员应明确专业理论知识的作用，并主动自觉地在训练实践中予以应用，这是提高理论知识应用水平的重要前提。应用理论知识的具体方法：一是由实践找理论，二是学理论找实践。教练员和运动员根据训练实践的需要，去寻找和学习有关的理论知识，学习、理解并掌握后用于训练实践，从而提高理论知识运用能力。从运动训练实践的需要出发，学习的目的性强，运用的针对性强，常常会取得满意的结果。例如，速度滑冰教练员为了更准确地控制负荷强度，借鉴了游泳及中长跑选手的成功经验，学习运用血乳酸指标控制负荷强度的理论知识，测定了速度滑冰运动员127个常用训练手段负荷后的血乳酸峰值，并据此制定了一系列优秀选手负荷强度的定量指标，有效地提高了训练质量。在系统的理论学习中发现问题，主动地改进训练方法，是提高理论知识应用水平的另一种重要方法。例如，艺术体操教练员从美学理论中学习到了"不对称图形"的美学价值，进而主动地在体操的编排中设计了若干不对称队形，提高了整套动作的表现力。

5. 认真做好专题总结

对专业理论知识运用于训练实践的情况应及时进行深入的专题总结，这是提高专业理论知识应用水平的一个重要的方法。科学的总结可以使教练员和运动员对理论的认识更加深刻，对实践的解析更加准确，从而把认识提高到新的层次和新的水平。教练员和运动员都应注意提高自身的理论知识水平，要学好逻辑学、科学方法论以及体育统计、实验设计、调查访问等科学方法，这是进行科学总结和从事科学研究工作必不可少的。

综上所述，在进行运动智能训练时，应提高运动员对学习理论知识和发展运动智能意义的认识，启发他们的积极思维，提升他们参加运动智能训练的自觉性。运动智能训练应根据对象的实际情况（文化水平、专业基础知识水平及年龄特点等）选择内容，确定训练方法。运动智能训练应列入训练计划之中，在计划中应占有一定的比例。对运动员的智能评定目前还没有一套完整的办法，实际工作中做得也不多，应逐步建立运动智能测定和评价的制度。同时，对运动员的智能评定应多结合训练与比赛实践进行，在实践活动中考察运动员的智能水平，也可以通过组织专门的测验和考查进行评定。

第九章
体育事业管理

第一节　体育事业

一、事业的概念

"事业"是一个内容比较宽泛的概念，也是人们日常生活中使用频率较高的一个词。《现代汉语词典》对其一般有两种解释：一是指人所从事的，具有一定目标、规模和系统而对社会发展有影响的经常活动；二是指没有生产收入，由国家经费开支，不进行经济核算的事业。

二、体育事业的概念

体育事业是一个具有中国特色的概念。体育事业的概念有广义和狭义之分，广义的体育事业是指以身体活动为媒介，以谋求个体身心健康、全面发展为直接目的社会活动和社会工作；狭义的体育事业是指列入国家事业编制的单位和人员从事的体育活动和体育教育工作。广义的体育事业与狭义的体育事业之间是一种包含和被包含的关系，二者最主要的区别就在于活动经费的来源不同：广义的体育事业包括由财政经费供养的体育事业单位和独立核算自主经营的体育事业单位；狭义的体育事业则仅指由财政经费供养的体育事业单位、体育场、体育设施及活动，使用的是国有资产，人员和开展活动的经费由国家财政列支，活动和工作都具有非营利性。

中国传统的体育事业是在计划经济体制基础之上建立起来的，新中国成立至改革开放之前，中国体育长期存在高度集中的举国体制特征。随着我国社会经济的发展、市场经济制度的逐步确立和政府改革的深入，体育事业发生了较大变化，原有的体育管理体制和运行机制已不能很好地适应现代体育运动的发展，因此借鉴国外先进经验，走体育产业化道路成为必然选择。当前，我国体育事业管理体制呈现双轨体制（市场体制与举国体制）并存的特征。首先，举国体制出现了关系不顺、机制不活、经费不足、人才流动不畅等问题，特别是政府对体育事业的财政支持已经无法满足群众日益增长的体育需求。其次，国际足球、篮球等运动项目的职业体育联赛模式深刻影响了我国体育事业的市场化改革潮流，体育活动由原来的依靠政府包办逐渐过渡到主要由企业和社会来承办。

第二节　体育管理

一、体育管理的概念

从我国学者译自国外有关著作对体育管理的概念描述来看，不同国家的学者对体育管理的定义存有较大差异。日本《体育管理学》教材（1968）、苏联《体育运动管理学》教科书（1977）、美国体育管理研究学者德·森西等编著的《体育管理课程评价与需求评估：多角度的评价方法》（1990）均对体育管理的概念进行了大量商讨和研究。一言以蔽之，他们把体育管理定义为：体育管理是体育产品和服务的组织部门进行计划、组织、引导、控制预算、领导和评估技能的结合。

目前，我国学者对体育管理的定义大致有两种看法，一种是"职能论"，一种是"协调论"。例如，普通高等教育"十一五"国家级规划教材，体育院校通用教材《体育管理学》（2009）指出，体育管理的定义可以表述为：体育组织中的管理者在一定环境和条件下对管理客体实施计划、组织、协调、控制等职能，以实现预定目标的活动过程。刘兵（2004）在《新编体育管理学教程》中认为：所谓体育管理，就是对围绕体育相关的活动进行计划、组织、指挥、协调和控制。武汉体育学院徐家杰、孙汉超教授在教材《体育管理学》中提出：体育管理是指为了实现体育事业或体育工作的目标，不断提高体育工作的功效所进行的目标与计划、组织与协调、控制与监督等一系列综合活动。

20世纪90年代末以来，我国学术界开始出现以"协调"的观点来理解体育管理概念的趋势。例如，高等学校教材《体育管理学》（2002）中指出，体育管理就是指体育管理行为的实施者，通过采取管理和体育的方法，以实现体育管理的计划、组织、协调、控制和创新等职能，创造和谐的环境，充分发挥各种体育资源的合力作用，实现既定目标的过程。

67

综上所述，本书认为体育管理是管理领域的一个重要方面。体育管理是指体育组织中的管理者通过一定方式和手段整合资源，以实现组织远景目标的活动。体育管理者整合资源的过程表现为对资源的培育、开发、监管、配置及利用等，而整合资源的方式是对包括管理职能在内的管理知识、技能、方法、手段、措施等的总称。

二、体育管理的基本要素

体育管理的基本要素主要包括人力资源与物质资源（管理主体与管理客体）、技术与方法、环境因素等。具体地讲，开展体育管理活动，必须具备五项基本要素：一是要有体育管理的主体，说明由谁来进行体育管理的问题；二是要有体育管理的客体，说明体育管理对象的问题；三是要有体育管理的目的，说明为什么要进行体育管理的问题；四是要有体育管理的科学方法和手段，说明如何解决体育管理中出现的问题；五是要有体育管理的环境，说明在体育管理中必须具备一定的环境或条件的问题。

三、体育管理的职能

体育管理职能是在一般管理职能的基础上产生与发展起来的。体育管理职能产生的初期，体育领域分工不细，管理工作粗放且简单，导致体育管理职能分工较粗，类型也较少。随着社会及体育事业的发展，体育领域分工的细化，以及体育管理问题的复杂化，体育管理的职能分工也越来越细，类型也随之增多。因此，体育管理职能的分工经历了一个由粗到细、由少到多的发展过程。

体育管理职能的类型根据体育管理活动的特征，以及社会发展对于体育管理活动的需要和体育管理理论的最新发展而不断更新；因此，对体育管理职能的认识也应不断发展。同时许多新的体育管理理论和体育管理实践已证明，以决策职能、计划职能、组织职能、控制职能、创新职能为体育管理的基本职能较为适宜。对这些基本职能进行研究，有助于人们正确理解和行使各项体育管理的基本职能，以及加深对其在体育管理中重要地位的认识和理解。

体育管理中的基本职能不是孤立的，在体育管理中，对于一个有活力的体育组织来说，创新无处不在、无时不在，它贯穿于各项体育管理职能和各个体育组织之中。因此，创新是各项体育管理职能的灵魂和生命。

第三节 体育事业管理

一、体育事业管理的概念

体育事业管理是各级政府及其体育行政部门和各种体育事业单位、体育社会组织和体育社会服务机构对体育领域内的相关活动和事务进行组织协调、部署安排、统筹规划、服务监督、反馈改进的行为，包括宏观体育行政和微观体育管理两个层面。

体育行政是政府对体育事业的宏观管理，是各级政府及其体育行政部门以体育法律和法规为基本依据，以整个国家的体育事业为管理对象，对有关体育行政系统和体育企事业单位的事务进行决策、组织和调控的行政行为。政府或体育行政部门通过出台体育法规政策、制定长远和阶段性发展规划、提出体育各相关领域发展的指导性意见及行业技术标准等各种手段，并综合运用行政、经济、法制、教育、技术等手段，以实现政府或体育行政部门的目标。体育行政的特点是宏观性、间接性。

体育事业单位对自身活动进行管理是体育事业管理的微观层面，其主要涉及体育事业单位的管理原则、管理制度、管理机构及人员、运行机制以及对具体体育活动的组织与协调等。

可以看出，体育事业管理的内容非常庞杂，体育事业管理必须由政府、有关部门和体育单位共同完成，体育行政离不开体育事业单位的支持，体育事业单位的管理也离不开政府的引导。

鉴于中国体育事业的客观现实，以及体育事业管理在体制转轨时期的历史情况，下文侧重从宏观视角阐述体育事业管理的主要内容和问题。

二、体育事业管理的基本内容

现代体育事业管理的大格局应是主体的多元化，但不同主体的职责和内容是不同的，政府在体育事业管理中主要行使宏观行政管理职能，因此它在体育事业管理中的基本内容主要包括以下六个方面：

（1）制定体育事业发展战略规划，宏观管理体育事业；

（2）分阶段、有步骤地突破制约体育事业发展的体制性障碍，形成与市场经济相适应的体育市场；

（3）提供公共体育产品，满足广大群众的公共体育服务需求；

（4）生产和提供国家运动队或地区运动队所需要的体育产品；

（5）培育和完善各类体育市场，推动体育产业高质量发展；

（6）制定完善体育政策法规体系，促进和保障体育领域内活动的有序性和公平性。

三、体育事业管理的基本原则

体育事业管理的基本原则主要包括以下六个方面：

1. 坚持立足体育、奉献社会、服务人民的原则

在体育事业管理中，要坚持促进体育与经济社会发展相结合，充分发挥体育在促进经济建设、政治建设、文化建设、社会建设、生态文明建设以及对外交往中的综合功能和独特作用；坚持以人民为中心的发展思想，在现代化建设大局中准确把握体育定位，把体育发展融入国家发展战略，加快实现体育强国梦和中华民族伟大复兴的中国梦。

2. 坚持以人为本、服务民生的原则

在体育事业管理中，要以习近平新时代中国特色社会主义思想为指导，把增强人民体质、提高全民族身体素质和生活质量、促进人的全面发展作为体育事业发展的出发点和落脚点，满足人民群众不断增长的体育需求，切实实现好、维护好、发展好最广大人民的利益，做到体育发展为了人民、体育发展依靠人民、体育发展成果由人民共享。

3. 坚持解放思想、改革创新的原则

在体育事业管理中，要处理好继承与创新的关系，不断探索各项体育工作与社会主义市场经济相适应的特点与规律，努力实现理论创新、科技创新、制度创新、管理创新，并不断坚持中国特色社会主义道路自信、理论自信、制度自信、文化自信；进一步转变发展观念，创新发展模式，提高发展质量，加快体育发展由粗放型向集约型转变，体育管理由经验型向科学型转变，促进体育高质量、高水平、多元化发展。

4. 坚持统筹兼顾、协调发展的原则

在体育事业管理中，要促进群众体育与竞技体育的协调发展，促进体育事业与体育产业的协调发展，促进不同地区、不同领域体育的协调发展，促进奥运项目与非奥运项目、夏季项目与冬季项目、现代新兴体育项目与民族传统体育项目的协调发展。加强区域间体育水平的协调发展，实现体育公共服务供给均等化，处理好当前与长远、重点与一般、规模与效益的关系，以推进体育全面发展。

5. 坚持文化建设、夯实发展的原则

在体育事业管理中，要深入挖掘体育的文化内涵，夯实体育发展的社会基础和文化根基，提升中国体育的软实力；通过体育建立健康、科学、文明的生活方式，塑造积极、健康的社会价值观和大众人生观；充分发挥体育在建设社会主义先进文化中的作用和功能，讲好群众身边的体育故事，满足群众日益增长的体育文化需求，让体育成为社会主义先进文化的传播者和创造者，成为时代精神的倡导者和先行者。

6. 坚持科教兴体、人才强体、依法治体的原则

在体育事业管理中，要牢固树立人才资源是第一资源、加快体育学科人才培养力度、科学技术是第一生产力的观念，重视和发挥科技、教育、人才在体育事业发展中的关键作用；坚持体育事业发展要依靠科学技术进步，加快体育科技化发展的步伐，科学技术必须发挥先导作用；坚持体育科学研究与体育运动实践相结合，依靠科技和教育发展提高人才队伍素质，发挥各类人才作用；增强体育法治观念，加强体育法治建设，促进依法行政、依法治体，将体育工作纳入法治化轨道。

四、我国的体育事业管理体制

体育事业管理体制是指规定政府、社会各类组织在体育事业方面的管理范围、权限职责、利益及其相互关系的准则，其核心是管理机构的设置。体育事业管理的效率主要取决于各类体育管理机构职权的分配以及各机构间的相互协调程度。我国体育事业管理的专业组织有政府组织和社会组织等，其中主要的组织有以下几种：

（一）国家体育总局

1952 年 11 月 15 日，中央人民政府委员会第 19 次会议通过成立中央人民政府体育运动委员会，并任命贺龙为中央人民政府体育运动委员会主任，1954 年改为中华人民共和国体育运动委员会，1998 年改组为国家体育总局。中央体委、国家体委及后来的国家体育总局都致力于"发展体育运动，增强人民体质"，在普及群众体育的同时，大力发展竞技体育，大大提高了我国的运动技术水平，推动了我国体育事业的蓬勃发展。

国家体育总局的主要职能有：制定和实施体育发展规划和体育政策，推动体育改革，推行全民健身计划，统筹竞技体育、群众体育、体育产业协调发展，进行全国性体育社团资格审查，以及完成国务院交办的其他事项等。

（二）中华全国体育总会

中华全国体育总会（All-China Sports Federation）于 1952 年在北京成立，是中华人民共和国的全国群众性体育组织（社会组织），是依法成立的非营利性的社团

法人。中华全国体育总会的宗旨是联系、团结运动员和体育工作者，努力发展体育事业，普及群众体育运动，提高全民族的身体素质；不断提高运动技术水平，攀登世界体育高峰；促进社会主义物质文明和精神文明建设，为建设中国特色社会主义服务，为实现祖国和平统一与增进世界人民的友谊服务。中华全国体育总会及其开展的活动受其业务主管单位国家体育总局及社团登记机关中华人民共和国民政部的业务指导和监督管理（接受双重管理）。中华全国体育总会实行会员制，其团体会员包括省（区、市）体育总会、全国各单项体育运动协会及行业系统体育协会等，如图 9.1 所示。中华全国体育总会有其运行章程，章程共八章五十三条，是中华全国体育总会的行动指南。此外，各省（区、市）具有相对应的体育总会，以此形成了全国体育总会的一个完整系统。

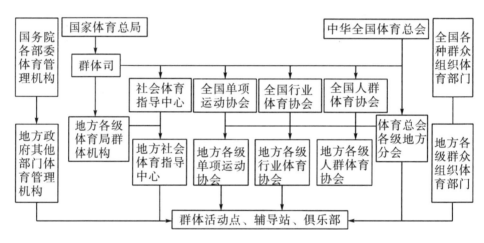

图 9.1　国家体育总局与中华全国体育总会的关系

（三）中国奥林匹克委员会

中国奥林匹克委员会（以下简称"中国奥委会"）是中华人民共和国具有法人资格的、以发展体育和推动奥林匹克运动为任务的全国性、非营利性体育组织，代表中国参与国际奥林匹克事务。在与国际奥林匹克委员会和亚洲奥林匹克理事会等国际体育组织及各国家/地区奥委会的关系中，唯有中国奥委会有权代表中国的奥林匹克运动。根据国际奥委会《奥林匹克宪章》规定，中国奥委会依据非营利的原则，享有在中国举办的与奥运会和奥林匹克运动有关的活动中使用奥林匹克名称、标志、旗、格言、徽记和会歌的权利，并有在中国领土上保护上述奥林匹克名称、标志、旗、格言、徽记和会歌不受非法使用的责任与义务。中国奥委会的宗旨是在中国弘扬奥林匹克主义和奥林匹克价值观，推动奥林匹克运动和中国体育事业的发展，通过体育促进构建和谐社会；遵守国家法律和有关政策，遵守社会道德规范。

中国奥委会接受国家体育总局、民政部的业务指导和监督管理。

（四）全国性单项体育协会

全国性单项体育协会是以运动项目的普及和提高为目标，具有社团法人身份的民间性组织。《中华人民共和国体育法》第六十五条规定："全国性单项体育协会负责相应项目的普及与提高，制定相应项目技术规范、竞赛规则、团体标准，规范体育赛事活动。"20世纪80年代以来，随着我国社会事业不断改革，我国体育管理体制的改革以全国性单项体育协会的"实体化"改革为突破口，即全国性单项体育协会开始承担运动项目的具体管理职能，并开始以协会的名义进行社会化和产业化的运作，以解决体育事业发展资金不足的问题。在全国性单项体育协会实体化改革试点的基础上，1992年，原国家体委相继成立了20个运动项目管理中心，全国性单项体育协会依托于新建的运动项目管理中心来运作，建立起"运动项目管理中心+全国性单项体育协会"（以下简称"中心+协会"）的组织模式。运动项目管理中心与全国性单项体育协会有着密不可分的关系：运动项目管理中心是国家体育总局直属的事业单位，具有国家体育总局授予的进行运动项目管理的行政性管理职能；全国性单项体育协会改革的方向是接管运动项目管理中心的事务，以及全面介入训练和赛事的举办经营管理，全国性单项体育协会的内部管理结构如图9.2所示。

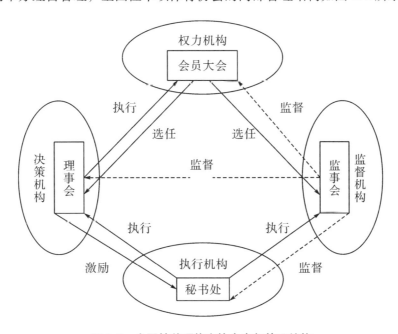

图9.2　全国性单项体育协会内部管理结构

目前"中心+协会"是两块"牌子"，两块"牌子"在不同情况下使用。"中心"主要在对地方体育局、地方运动项目管理中心进行体育事业管理时使用；"协会"主要在对外交流或进行"社会化"和"产业化"运作时以及与赞助商、俱乐部和社会方方面面进行合作时使用。这种模式与先前运动项目由原国家体委多个职能部门分头进行管理的模式相比,更有利于运动项目中各项工作的有机衔接;同时,也吸纳了大量社会资金的投入,如足球、篮球等项目,目前政府拨款的占比较小,其主要依靠自身的产业化运作获取事业发展的资金。

(五) 体育俱乐部

体育俱乐部是提供体育竞赛表演和体育健身参与等体育准公共产品与服务的社会组织。体育俱乐部一般由经营者出面组织,会员在自愿、互助、互惠的基础上自主参加,并有相应的权利和义务。体育俱乐部是通过利益排他机制而取得共同利益的自愿组合体,既可以采用独立核算、自负盈亏的实体方式进行经营,也可以采用非营利性的社团组织形式进行运作。市场经济国家鼓励各企业和俱乐部创办运动队,部分市场成熟的项目会职业化并成立行业联盟。目前已有越来越多国际体育组织到我国参加比赛或举办比赛,因此体育市场的行业垄断局势将发生很大变化。我国已将很多基层体育组织改为俱乐部制,并试行各省份高水平俱乐部精英运动员进行国家选拔和参赛的新制度。随着社会主义市场经济体制的日渐完善,我国体育事业管理体制的改革也将不断深化。今后一个时期体育管理体制的改革要适应新时代我国社会发展的需求,改变以计划为资源配置手段和以政府行政命令为主的管理模式,不断强化体育事业管理中的新公共管理理念。要想实现竞技体育与日常体育锻炼协调发展,需按照公共选择理论的原理,使体育行政部门、体育社团、企业和民众等各方面权利均衡化发展。在我国体育事业管理体制的改革中,相关部门还应该在充分肯定成绩、尊重国情、尊重客观规律的前提下,有计划、有区分、有重点地开展体育事业,而不是简单地走去政府化、市场化、国际化的道路;必须通过体制的改革与创新,实现体育事业更高层次的全面、协调和可持续发展。

第十章
高校高水平运动队管理

高校高水平运动队管理在 2008 年北京奥运会之前与 2008 年北京奥运会之后，有两种截然不同的含义。北京奥运会之前，在举国体制的规则制约下，我国体育资源无一例外呈现出向竞技体育倾斜的特征。北京奥运会之后，即由体育大国或奥运强国向体育强国跨越的过程中，社会体育扮演着越发重要的角色。换言之，社会各界对国家体育资源以及相关衍生资源向社会体育靠拢的倾向，已达成共识。因此，在上述背景下，高校高水平运动队管理的相关研究需紧盯这一发展趋势，即实现高校高水平运动队管理与社会体育管理融合共生发展。

第一节　社会体育和谐发展的战略措施选择

社会发展日新月异，体育在人们生活中的地位和作用日益凸显。体育与德育、智育、美育相结合，构成教育的有机组成部分；体育锻炼是人民群众增强体质、延年益寿的重要手段；竞技体育充实着人们日常生活并成为国际交流的纽带。与此同时，根据马斯洛需求层次理论，当人类的物质需求得到满足时，便会产生出政治的、宗教的、体育的、艺术的需要，由此可见，发展体育同样也是一种社会诉求。

1840 年鸦片战争之后，资本主义列强控制了中国的体育事业。在中国共产党等相关组织的带领下，中国于 1924 年重新夺回体育主权。1949 年，刚刚成立的新中国无法像美国、德国等发达国家那样，凭借雄厚的经济物质基础，使竞技体育与社会体育同步高速发展。当时中国体育基础较为薄弱，决定了中国体育的发展只能走"突出重点"的道路——重点发展竞技体育，中国社会体育的发展举步维艰。改革开放 40 余年来，中国政治、经济、文化得到极大程度的发展。但是，社会体育管理制度和运动项目的单一性、社区发展不平衡性仍然制约着中国社会体育的发展。社会体育是社会发展与人类文明进步的一个标志，是一个国家综合国力和社会文明程度的重要体现。

一、坚持体育真义，实现体育强国梦

中华民族是一个富有理想的民族，胸怀国家富强、民族复兴之梦想，屹立于世界民族之林。落后就会挨打，这是中华民族通过血与泪的战争所总结的经验。中国一直将强国建设作为自身发展的重中之重，此处"强国"概念覆盖不同维度，体育作为重要维度之一，"体育强国"是我国体育事业发展的最终梦想。

一个国家的体育发展到什么程度才能被称为体育强国？判别一个国家是否为体育强国，既不能苛求其竞技体育的方方面面均领先世界，也不能过分要求其社会体育的各个范畴都名列前茅。我们不仅要注重"体育强国"概念的外延，同样需注重其内涵。建设体育强国不仅要提高竞技体育成绩、增加资金投入、扩大场馆面积以及大力发展体育产业，还需要关注体育与国民的思维、行动、生活、人生的交集，即体育是否能真正融入国民生活或者国民是否已经建立了对体育的价值认同。"体育强国梦"强调与最广大人民群众自身休戚相关的社会体育不能被忽视，与此同时，为了使社会体育能沿着正确的道路发展，我们必须坚持体育之真义。

至于何为体育之真义，这个问题早在 20 世纪 20 年代便有了答案。中国共产党的创始人之一李大钊提出，人体的健全，全在身体和精神保持平均调剂地发展，有动作的时候，必须有休息的时候；而休息的方法，并不只是睡眠，有益身心的娱乐，亦是调节倦怠、慰安疲劳的最重要的方法。提倡有关部门在工人聚居区设置公园、运动场、俱乐部，为工人正当的文体活动提供条件。毛泽东同志在《体育之研究》一文中提到体育的真义，"体育者，人类自其养生之道也，使身体平均发达，而有规则次序之可言者也"。可见发展社会体育要身心结合，让体育真正融入社会成员的生活、行为、思维与人生之中。

德国是当今世界公认的体育强国，有近 50% 的德国民众参加体育运动，并将体育活动视为生活中不可缺少的一部分。德国有 9 万多个体育俱乐部，俱乐部成员占德国总人口的三分之一。绝大多数德国人从事体育是为了健康和快乐。在日常生活中，体育与德国民众的思维、行动、生活交集甚广。然而，与此对比的是，2007 年我国 16 岁以上城乡居民经常参加体育锻炼的人数仅占总人口的 28.2%，学生体质下滑等现实情况无不体现出体育与中国民众思维、生活交集较小。

二、发展社会体育，催生社会力量

2011—2020 年，不仅是推进我国由体育大国向体育强国迈进的重要阶段，也是我国全面建设社会主义和谐社会的关键时期。我国建设社会主义和谐社会有赖于政府公权与社会力量的二维建设与协同，任何一维的缺位都会产生严重后果。社会力量产生于民间、崛起于民间、服务于民间，与政府公权是一种对等、互动、互补的关系。中国40余年的改革开放经验告诉我们，政府公权并非万能，其在管理上也会出现"盲区"；"盲区"一旦出现，便需要社会力量进行平衡和弥补，使损失最小化。

（一）社会体育为社会成员提供社会交往平台，从而编织社会关系网

1. 社会成员在社会体育活动中获得安全、理解与情感归属

现代社会分工不断细化、各种社会组织层出不穷，许多人既属于各种社会组织，又好像是在组织之外游离、漂泊，缺乏归属感与安全感。

成年人大部分时间都投身于工作之中，众所周知，工作交往是一种理性交往，是以完成工作为目的的交往。同事之间以单一的工作关系为主，上班时间没有太多的机会进行交流沟通。随着社会体育的开展，成年人以体育爱好为媒介的社交圈越来越广。在各类体育社团活动中，成年人逐渐获得集体归属感，以及获得更多的社会交往机会。

对于老年群体而言，离开工作岗位后，他们的活动仅仅局限在家庭这个社会单位内，容易产生"无用"的不安全感。如今，社会体育活动已成为老年人新的交往方式，在体育活动之余，他们可与自己同年龄段的人或小辈畅谈人生经历和生活感受，情感归属便在相互倾诉和交往中获得。

2. 社会体育赋予社会成员新的角色

社会体育活动可以赋予社会成员新的角色，使其从中获得不同的社会交往体验。在社会体育活动开展过程中，人们以一种平等的关系重新获得一个新的社会角色，即个人在由体育而结合的社会关系中所处的地位。例如工作事业不如意之人可以成为乒乓球比赛的胜利者；大学校长可以成为社区比赛的志愿者；清洁工可以成为社会体育活动的指导员。

3. 社会体育发挥"社会安全阀"作用，为社会成员提供情感宣泄的渠道

以企业职工为例，经济全球化、市场化使企业面临的竞争日趋激烈，部分就职于企业的职员容易产生不满、怨恨等情绪。对矛盾宜化解而不宜蓄积，对不满情绪宜疏导而不宜堵截。安全阀是人们为防止容器爆炸而设置的，社会学家将安全阀原理引入社会学说，就是希望为社会设置一个经常化的、制度化的通道，以保证不同社会主体之间沟通顺畅。作为现代体育的重要组成部分，社会体育活动可以成为社会成员有效合作和合理对抗的一个替代方式，为人们提供情感宣泄的渠道。

在上述三个因素作用下，社会体育提供了一个"社会交往"的平台，练习者之间、体育指导员之间、体育活动管理者之间以及指导员与练习者之间、体育活动管理者与指导员和练习者之间，在无形中通过体育活动的开展编织了新的社会关系网，将人与人紧密联系在一起。

就联系而言，几个年轻人可以因为喜欢足球运动聚集在一起，几个老年人可能因为相同的锻炼目的而聚集在一起，但这种联系是表层的，不稳定的；而建立在对社会体育"社会安全阀"价值等充分认同的基础之上的联系，是较为深层次的，也是较为稳定的。

（二）通过开展社会体育，培养社会成员协力意识

社会关系网形成之后，社会成员可以在关系网内进行种种活动，其活动的主要方式是协力与竞争。

1. 协力

协力的方式主要有合力、助力、分工合作，并按合力—助力—分工合作的顺序发展。例如：最初，两个孩子一起挪动重物时就是以合力的方式；接着就逐渐发展成为助力的方式，不能完成单杠翻身上的孩子，由伙伴帮助翻上去就是助力。三个人以上的分工合作游戏，不到小学及以上的程度是不能充分进行的。布朗又将这种分工合作的形式分为两类：自发性质与强制性质。自发的分工合作是为实现同一目标而进行的互助合作。强制的分工合作是出于活动本意之外的动机而迫不得已的协力，如怕受到惩罚或想得到奖励。

2. 竞争

竞争具有各种各样的形式，一般来说竞争是两个人或两个以上的人按照一定的章程、规则尽快地完成一个目标。体育方面的竞争，都是直接的竞争，也就是面对面的竞争。竞争与协力之间并不一定都是对立的关系，通过竞争也可以强化人们的协力意识，两者是可以相互促进的，即用外部的压力去促进内部的团结。

在开展社会体育活动特别是在集体项目过程中，可通过协力或竞争的方式培养人们团结互助的意识。一旦外界发生变化，具备团队精神或协力意识的稳定的社会关系网便可催生出社会力量。

结合建设体育强国的社会背景，有关部门应大力开展社会体育活动，借助蓬勃发展的社会体育催生社会和谐力量，最大限度激发社会活力、增加和谐因素、减少不和谐因素，让社会体育为中国建设和谐社会贡献一份力量，保持良好社会秩序，确保社会既充满活力又和谐稳定。

三、以竞技体育为抓手，推动社会体育发展

21 世纪起，中国连续三届在奥运会奖牌榜名列前三，并且在北京奥运会上打破美欧对金牌榜的垄断，位居第一。中国竞技体育发展取得了举世瞩目的成就，如同改革开放时我们制定的经济政策一样，"先富带动后富"。如今中国经济高速发展，我们已经具备使竞技体育与社会体育协调发展的能力。由此可见，中国未来通往体育强国的道路，应"突出重点，带动全局"，以竞技体育为抓手，推动社会体育发展。

（一）借助竞技体育的本质特点，增强、提高国民体育参与意识

激烈的竞争性是竞技体育最本质的特点，其既是竞技体育发展的本质要求，也是竞技体育发展的必然特性。日趋激烈的竞争增加了比赛胜负的不确定性，再加上竞技体育高超的技艺性，不仅使竞技体育备受关注，而且极易使人从中获得强烈的感情刺激与情感体验。与此同时，在竞技体育比赛的准备、进行与结束过程中，众多传播媒介如广播、电视、报纸以及日渐风靡的新媒体，都会对赛事进行宣传，这在一定时期内会形成强大的舆论漩涡，不仅可以普及体育相关知识，也可以增强、提高社会成员的体育参与意识。

（二）借助竞技体育体制优势，发展社会体育

从新中国成立时的百废待兴到获得北京奥运会金牌榜首位，中国竞技体育取得的举世瞩目的成就无不得益于举国体制，因此不断坚持和完善举国体制并将其应用于社会体育的发展中成为体育发展的必然趋势。有关部门应以提高我国社会体育发展水平为主要目标，统一动员和调配全国有关力量，包括物质资源和精神意志，有组织、有计划地制定社会体育发展策略。各级政府必须将发展体育事业纳入国民经济和社会发展总体规划，认真制定体育政策和法规。《中华人民共和国体育法》规定："体育事业经费、基本建设资金列入本级财政预算和基本建设投资计划，并随着国民经济的发展逐步增加对体育事业的投入"，各级政府必须将上述规定落在实处。

（三）充分利用竞技体育资源，发展社会体育

目前，退役运动员再就业问题较为严重。为了充分利用退役运动员资源，使其为我国社会体育的发展做出应有的贡献，可以让退役运动员到学校、社区去，发挥优秀运动员自身的榜样作用，以提高国民体育活动参与度。此外，还应充分挖掘竞技体育场馆价值，提高场馆使用率，实现社会共享，服务于社会体育。同时，竞技体育俱乐部的管理人才应加大对群众体育俱乐部的指导力度，支持各系统、行业、

社会组织及个人组建各种类型的体育俱乐部，帮助其建立健全的规章制度，并加强自我管理，完善自我发展机制。

为了实现"体育强国"梦，我们必须促使竞技体育与社会体育和谐发展。为了建设社会主义和谐社会，以及平衡"政府公权"与"社会力量"，我们可以借助社会体育保持社会良好秩序，确保社会既充满活力又和谐稳定。为了贯彻实施"突出重点，带动全局"的体育发展措施，我们应该借助竞技体育的本质特点，增强、提高国民体育参与意识；借助竞技体育体制优势，发展社会体育；充分利用竞技体育资源，发展社会体育。

第二节　高水平运动队管理需要注意的问题

一、扎根于中国体育体制本身

与西方国家明显不同的是，现代中国的竞技体育治理体系以举国体制为基本模式，遵循"从上至下"的治理逻辑。自 1949 年中华人民共和国成立至今，我国竞技体育组织转变为公共机构，相关权力集中于具有行政管辖权的政府、国家体育总局（国家层面）以及省体育局（省级层面）。考虑我国幅员辽阔以及公共管理机构行政管辖权分配的复杂性，我国竞技体育治理体系粗略被分为四级。纳税人为整个治理系统提供资金来源，全国人民代表大会作为国家最高权力机关，代表最广大人民的根本利益，是整个治理系统的基石，因此被放置在底部。以 Tan 等为代表的研究者聚焦于我国竞技体育治理体系的纵向维度，坚持认为在金字塔结构下体育治理相关组织机构之间能否实现有效协作，将成为我国竞技体育政策能否有效实施的关键。然而，在我国竞技体育治理体系中，省级政府与省体育局之间的横向代理关系被严重忽视。我国竞技体育组织机构在横向互动的过程中，同样会出现由代理成本过高和管理失灵而引起的效率风险问题。除此之外，某一治理组织或"组织集合"权力越集中，那么该组织或"组织集合"出现低效风险的可能性越高。因此，治理组织集合内部无论是横向维度（省政府与省体育局之间），还是纵向维度（国家体育总局与省体育局之间），均可能存在双重甚至多重代理问题。

具体而言，在纵向维度金字塔或者说代理链的顶端，国家体育总局作为横向行政代理人接受国务院的委托，负责国家体育政策的制定与实施、全运会的管理特别是全运会主办城市的申办工作、参加奥运会在内的国际体育交流与竞赛工作等。国家体育总局是我国竞技体育治理体系中最关键的参与者，为各个省体育局的相关工作提供指导意见。然而在横向维度，省政府为省体育局选拔、培养运动员提供基础物质条件，即省体育局作为代理人需要同时接受国家体育总局和省政府的委托开展本省体育工作。

社区体育作为社区内居民相互联络、增进感情、加深了解、沟通关系的桥梁和纽带，借助众多基层社区体育载体，开展社区体育活动，编织社会关系网，是构建"社会资本"必不可少的元件。社区是一个特定的人群的组合体，其居民由社会多个阶层人员、多个利益群体构成，通过各种不同类型的体育俱乐部，各类人群一起享受各类体育项目带给他们的快乐，任何人没有特权，必须遵守比赛本身的既定规则。在开展体育活动的过程中，不存在任何政府行政上的管理与强制，居民自发团结协作，练习者之间、体育指导员之间、体育活动管理者之间以及指导员与练习者之间、体育活动管理者与指导员和练习者之间在无形中通过社区体育活动的开展编织了新的社会关系网。开展各类社区体育活动，可以沟通社区居民的思想感情，融合他们的生活方式和道德情操，培养和激发他们的群体意识，使他们认识到自己对社区应尽的责任与义务，并通过自己的亲身经历对本社区产生自豪感和归属感。人们在参加体育活动时，通过身体的接触、行为的魅力等最原始、最直接的交流途径，培养人们自发协作互助的精神，特别是一些集体运动项目，需要参加者之间的配合与协作。经常参加集体运动项目，对于培养社区居民自发团结协作的能力大有裨益，并且他们会把这种意识与习惯迁移到日常的生活、学习和工作之中。

总而言之，在我国竞技体育治理无论是横向代理链还是纵向代理链中，省体育局都扮演着极为重要的代理人角色；就我国竞技体育治理现状而言，全运会发挥着重要的作用。全运会金牌数目是我国大部分竞技体育治理参与者关心、关注的核心要素，在我国竞技体育治理体系中，全运会扮演着"治理工具"的作用。

二、尝试使用微观经济学理论

代理理论起源于经济学，迄今为止仍然被众多经济学家视为一个非常重要的研究范式。与此同时，代理理论获得了社会、政治和管理学科的认可，并得以广泛应用。至于代理理论应用于跨学科研究的学理可行性，Ross（1973）研究指出，当一方（委托人）委派一项任务给另一方（代理人）时，委托代理关系就形成了。委托代理关系是人类社会最古老、最常见的社会互动形式。委托代理模型的两大基本假设主要围绕制度交易背景、委托人和代理人行为展开，且与代理关系的环境相关。

首先，与委托人相比，代理人通常在以下三个方面掌握更多的信息：委托"任务"的相关信息；代理人在完成既定"任务"过程中所付出的努力；"任务"完成的质量。这种信息的非对称性（asymmetric information）构成了委托代理关系的基础。委托人产生委托意愿的动机在于，与其自身相比，代理人完成既定"任务"的能力更强。上述动机同样解释了代理人的相对信息优势。此外，委托人可能也无法实现（充分）观察或者评价代理人的行为。其次，信息的不对称为代理人带来了相对自由的权利，他们遵循有限理性（bounded rationality）的行为准则，在其追求自身效用最大化的过程中，可能会产生以损害委托人利益为代价的投机行为。

以非对称信息发生的时间为标准，由"代理人"主导的代理问题通常被分成两类。首先，若非对称信息发生在双方委托代理合同或契约签订之前，这类"事前非对称"被 Akerlof（1970）定义为逆向选择（adverse selection），它是由代理人的隐藏特征（hidden characteristics）所引起的。逆向选择这一代理问题的形成逻辑为：事前，委托人出于增加信息对称性的考量，寄希望于一系列"筛选"活动（screening activities），找寻最优质的代理人。与此同时，灵活多变的代理人则通过一系列前期调研，释放相应"信号"（signalling），以达到增加自己被选中概率的目的。Spence（1973）研究指出，对于拥有高学历的代理人而言，其释放相应"信号"所花费的成本要远远低于其他代理人。其次，"事后非对称"在代理研究中被定义为道德风险（moral hazard）。一位奉行投机主义的代理人会在双方委托代理合同或契约签订之后，刻意掩盖自己的真实意图或者隐瞒工作进度和结果，以达到继续维持"信息优势"的目的。在这种情况下，委托人对代理人的失职或者逃避责任的行为毫不知情。

代理理论相关研究中代理成本（agency cost）的概念，即因上述代理问题而产生的损失，以及为了解决上述问题所花费的成本。值得总结的是，在代理理论相关研究中，陆陆续续出现四种代理成本：①约束成本（bonding cost），即筛选和沟通的成本；②监督成本（monitoring cost），主要由委托人承担；③信号成本（signalling cost），主要由代理人承担；④剩余成本（residual cost）。

对于体育系统的委托代理关系而言，体育治理结构的搭建必须以减少及分散效率风险为基本准则，以确保代理成本低于体育组织间合作所带来的综合效益。在体育治理领域，关键问题在于合理地规划体育治理机构之间的委托代理交易，具体而言：①实现体育治理机构之间资源的有效配置；②设置与目标相兼容的激励机制；③人为地引进相关治理工具或平台，以增进相关治理机构之间的协同合作。在全运会赛场上，不难发现各省体育局均倾向于使用老将，而非年轻、大赛经验欠缺的竞技体育后备人才。从省体育局的角度出发，全运会代表团的组建理应以那些善于处理大赛压力、赛前心理调节较好和历史战绩辉煌的运动员为主，因为他们在应对压力、心理调节以及控制成绩波动等方面更胜一筹。以 2009 年第 11 届全运会击剑个人比赛为例，其中年满 39 周岁的肖爱华发挥出色甚至创造了全运会五连冠的奇迹。然而，时任国家男子花剑队主教练王海滨指出，这些全运会冠军可能无一人入选击剑世锦赛。全运会的初衷在于为年轻运动员提供检验其竞技能力的机会，以积累经验增强国际竞争力。全运会赛场老将当道，那些已经证明过自身竞技实力的运动员在全运会赛场上反复出现，属于资源的浪费。因此，就全运会代表队成员的选择而言，存在逆向选择这一代理问题。

针对以上问题，国家体育总局积极推行相关奖励机制，旨在尽可能实现全运战略与奥运战略的统一。最早开始于 1993 年第十届全运会，国家体育总局规定将奥运会奖牌数目计入各省全运会奖牌排名。在国际上，通常将这一规则命名为"政策奖牌"（policy medals）。在第十届全运会上，国家体育总局进一步加人奖励力度，将一枚奥运会奖牌折算成两枚全运会奖牌，该奖励力度在第十一届全运会得以进一步加强。然而，虽然各省体育局均对该奖励机制表示赞同，但是该奖励机制是否从根本上改变了各省体育局在选拔运动员时的态度，仍然值得商榷。就各省体育局而言，以下问题仍然值得考虑：培养一名可以在奥运会这一国际舞台上具备夺牌能力的年轻运动员所付出的成本和风险，要远远高于邀请一名经验丰富的运动员代表本省参加全运会比赛。

第三节　高校高水平运动队管理的经验与建议

党的十九大报告作出中国特色社会主义进入了新时代的历史方位判断，并提出要建成文化强国、教育强国、人才强国、体育强国、健康中国的目标。这些目标的实现最终要回归到以人民为中心的根本出发点上，回归到对新时代我国社会主要矛盾的解决上。作为国家优秀人才培育基地的高校，应责无旁贷地将这些目标的达成落实在自身的发展中，明晰新时代高校人才培养的新使命、新责任。习近平总书记在 2018 年 9 月 10 日召开的全国教育大会上强调，要树立健康第一的教育理念，开齐开足体育课，帮助学生在体育锻炼中享受乐趣、增强体质、健全人格、锤炼意志。2016 年 10 月，中共中央、国务院印发的《"健康中国 2030"规划纲要》提出"人民身体素质明显增强""突出解决好妇女儿童、老年人、残疾人、低收入人群等重点人群的健康问题"以及"国家学生体质健康标准达标优秀率 25% 以上"等具体目标要求。党的十九大报告也明确提出"实施健康中国战略",广泛开展全民健身活动,加快推进体育强国建设重大决策。由此可见,提高青少年身体素质,培养身心健康的一代,不仅是新时代实施全民健身国家战略、加快推进体育强国和健康中国建设的重点内容,更是实现中华民族伟大复兴中国梦的重要基石。

现代社会生活水平的提高、交通方式的变革等因素使得越来越多的大学生逐渐养成或者倾向于养成静态生活方式(sedentary lifestyle),直接导致世界范围内大学生身体素质逐年下滑,大学生体质健康日益成为全球全社会共同关心的问题。2015年的国民体质监测报告显示,大学生的体质健康状态下滑得最严重。2017年发布的《中国学生体质监测发展历程》显示,我国大学生体质呈下降趋势,肥胖率以每5年提高2%~3%的速度持续上升。

众所周知,大学生体质健康是一项系统性工程。围绕大学生体质健康展开分析,我们不难发现,大学作为大学生接受教育的重要载体,理应在该项系统性工程建设中扮演至关重要的角色。换言之,学校体育工作作为促进青少年体质最直接、最密切的手段,其地位和效用是不可低估的。2016年,《国务院办公厅关于强化学校体育促进学生身心健康全面发展的意见》(国办发〔2016〕27号)指出,各地要把学校体育工作列入政府政绩考核指标、教育行政部门与学校负责人业绩考核评价指标。大学生体育运动的开展状况和发展水平应当是高校教育质量的重要参考标准之一。基于此,大学理应成为促进学生体质健康的主角,促进学生体质健康不仅是当前学校体育工作的重点,也是学校体育教育改革的重要议题。作为国家政治、经济、文化、科技等各个领域的重要接班人,大学生拥有健康的体魄对一个国家至关重要。近二十年来,我国大学生体质一直处于持续下降趋势,这种现状引起全社会广泛关注。因此,2018年9月,习近平总书记在全国教育大会上讲话时强调,坚持中国特色社会主义教育发展道路,培养德智体美劳全面发展的社会主义建设者和接班人。要树立健康第一的教育理念,开齐开足体育课,帮助学生在体育锻炼中享受乐趣、增强体质、健全人格、锤炼意志。

"学生体质健康促进体系"是一个系统性工程,不仅是上好体育课的问题,还需要学校领导高度重视,各职能部门和学院(中心)密切配合,体育部门全域覆盖服务,旨在促进学生积极参与课余体育锻炼,养成良好体育参与习惯,注重运动营养和科学健身;利用高校的优势和体育工作者的努力,传播体育文化,从而形成良好的体育文化氛围,吸引学生积极参加体育锻炼。

正如马德浩(2018)所言,导致高校高水平运动队建设情况不佳的原因主要有以下几点:一是生源问题,目前下放学校的高水平运动员的招生名额较少,很难组建更多的高水平运动队，我国高校的奖励机制建设也相对滞后，难以吸引优秀的生源。二是教练员问题，我国高校对于教练员队伍的建设普遍重视不够，大多未设置专门的教练员岗位和绩效考核机制。学校高水平运动队的教练员多为体育院系的任课教师，而且工资收入较低，难以吸引优秀的教练员，更难以组建教练员团队。三是经费问题，由于学校下拨的经费有限，高水平运动队的训练条件较为简陋，饮食营养难以保障，出国参加比赛也受到较大限制。

新时代我国高校高水平运动队建设首先需要切实提升高校体育的地位；其次，要理顺高校体育管理层级，健全自我治理体系，按照党的十八届三中全会通过的《中共中央关于全面深化改革若干重大问题的决定》提出的"推动公办事业单位与主管部门理顺关系和去行政化，创造条件，逐步取消学校、科研院所、医院等单位的行政级别"的要求，逐步取消高校的行政级别，为教育、体育等行政部门加强对高校体育工作的有效管理提供制度保障；最后，细化高校体育工作评估的指标要求和增补实施细则。

新时代我国高校体育的发展应做到以下几点：一是站在为体育强国建设做贡献的角度，适当增加高校高水平运动员的招生名额，鼓励高校设置运动员入学奖学金，以吸收更多具有运动天赋的学生进入高校学习、训练与参与竞赛。二是选择高水平运动队建设情况良好的学校为案例，结合国外的先进经验，设置专门的教练员岗位和绩效考核机制，以吸引优秀教练员进入高校执教。三是引导高校设置专门的高水平运动队建设经费，保障高水平运动队具有良好的训练与比赛条件。四是体育管理部门应站在更长远的角度，将竞技体育后备人才培养的主要任务分项目、分步骤地转移给学校、职业俱乐部和家庭等组织单位，而自身应将更多的精力放在国家队的选拔与训练上，同时注重给予高校高水平运动员公平的参赛机会。

附　　录

附录一：中共中央办公厅 国务院办公厅印发
《关于全面加强和改进新时代学校体育工作的意见》

　　学校体育是实现立德树人根本任务、提升学生综合素质的基础性工程，是加快推进教育现代化、建设教育强国和体育强国的重要工作，对于弘扬社会主义核心价值观，培养学生爱国主义、集体主义、社会主义精神和奋发向上、顽强拼搏的意志品质，实现以体育智、以体育心具有独特功能。为贯彻落实习近平总书记关于教育、体育的重要论述和全国教育大会精神，把学校体育工作摆在更加突出位置，构建德智体美劳全面培养的教育体系，现就全面加强和改进新时代学校体育工作提出如下意见。

一、总体要求

　　1. 指导思想。以习近平新时代中国特色社会主义思想为指导，全面贯彻党的教育方针，坚持社会主义办学方向，以立德树人为根本，以社会主义核心价值观为引领，以服务学生全面发展、增强综合素质为目标，坚持健康第一的教育理念，推动青少年文化学习和体育锻炼协调发展，帮助学生在体育锻炼中享受乐趣、增强体质、健全人格、锤炼意志，培养德智体美劳全面发展的社会主义建设者和接班人。

　　2. 工作原则

　　——改革创新，面向未来。立足时代需求，更新教育理念，深化教学改革，使学校体育同教育事业的改革发展要求相适应，同广大学生对优质丰富体育资源的期盼相契合，同构建德智体美劳全面培养的教育体系相匹配。

　　——补齐短板，特色发展。补齐师资、场馆、器材等短板，促进学校体育均衡发展。坚持整体推进与典型引领相结合，鼓励特色发展。弘扬中华体育精神，推广中华传统体育项目，形成"一校一品""一校多品"的学校体育发展新局面。

——凝心聚力，协同育人。深化体教融合，健全协同育人机制，为学生纵向升学和横向进入专业运动队、职业体育俱乐部打通通道，建立完善家庭、学校、政府、社会共同关心支持学生全面健康成长的激励机制。

3. 主要目标。到 2022 年，配齐配强体育教师，开齐开足体育课，办学条件全面改善，学校体育工作制度机制更加健全，教学、训练、竞赛体系普遍建立，教育教学质量全面提高，育人成效显著增强，学生身体素质和综合素养明显提升。到 2035 年，多样化、现代化、高质量的学校体育体系基本形成。

二、不断深化教学改革

4. 开齐开足上好体育课。严格落实学校体育课程开设刚性要求，不断拓宽课程领域，逐步增加课时，丰富课程内容。义务教育阶段和高中阶段学校严格按照国家课程方案和课程标准开齐开足上好体育课。鼓励基础教育阶段学校每天开设 1 节体育课。高等教育阶段学校要将体育纳入人才培养方案，学生体质健康达标、修满体育学分方可毕业。鼓励高校和科研院所将体育课程纳入研究生教育公共课程体系。

5. 加强体育课程和教材体系建设。学校体育课程注重大中小幼相衔接，聚焦提升学生核心素养。学前教育阶段开展适合幼儿身心特点的游戏活动，培养体育兴趣爱好，促进运动机能协调发展。义务教育阶段体育课程帮助学生掌握 1 至 2 项运动技能，引导学生树立正确健康观。高中阶段体育课程进一步发展学生运动专长，引导学生养成健康生活方式，形成积极向上的健全人格。职业教育体育课程与职业技能培养相结合，培养身心健康的技术人才。高等教育阶段体育课程与创新人才培养相结合，培养具有崇高精神追求、高尚人格修养的高素质人才。学校体育教材体系建设要扎根中国、融通中外，充分体现思想性、教育性、创新性、实践性，根据学生年龄特点和身心发展规律，围绕课程目标和运动项目特点，精选教学素材，丰富教学资源。

6. 推广中华传统体育项目。认真梳理武术、摔跤、棋类、射艺、龙舟、毽球、五禽操、舞龙舞狮等中华传统体育项目，因地制宜开展传统体育教学、训练、竞赛活动，并融入学校体育教学、训练、竞赛机制，形成中华传统体育项目竞赛体系。涵养阳光健康、拼搏向上的校园体育文化，培养学生爱国主义、集体主义、社会主义精神，增强文化自信，促进学生知行合一、刚健有为、自强不息。深入开展"传承的力量——学校体育艺术教育弘扬中华优秀传统文化成果展示活动"，加强宣传推广，让中华传统体育在校园绽放光彩。

7. 强化学校体育教学训练。逐步完善"健康知识+基本运动技能+专项运动技能"的学校体育教学模式。教会学生科学锻炼和健康知识，指导学生掌握跑、跳、投等基本运动技能和足球、篮球、排球、田径、游泳、体操、武术、冰雪运动等专项运动技能。健全体育锻炼制度，广泛开展普及性体育运动，定期举办学生运动会或体育节，组建体育兴趣小组、社团和俱乐部，推动学生积极参与常规课余训练和体育竞赛。合理安排校外体育活动时间，着力保障学生每天校内、校外各 1 个小时体育活动时间，促进学生养成终身锻炼的习惯。加强青少年学生军训。

8. 健全体育竞赛和人才培养体系。建立校内竞赛、校际联赛、选拔性竞赛为一体的大中小学体育竞赛体系，构建国家、省、市、县四级学校体育竞赛制度和选拔性竞赛（夏令营）制度。大中小学校建设学校代表队，参加区域乃至全国联赛。加强体教融合，广泛开展青少年体育夏（冬）令营活动，鼓励学校与体校、社会体育俱乐部合作，共同开展体育教学、训练、竞赛，促进竞赛体系深度融合。深化全国学生运动会改革，每年开展赛事项目预赛。加强体育传统特色学校建设，完善竞赛、师资培训等工作，支持建立高水平运动队，提高体育传统特色学校运动水平。加强高校高水平运动队建设，优化拓展项目布局，深化招生、培养、竞赛、管理制度改革，将高校高水平运动队建设与中小学体育竞赛相衔接，纳入国家竞技体育后备人才培养体系。深化高水平运动员注册制度改革，建立健全体育运动水平等级标准，打通教育和体育系统高水平赛事互认通道。

三、全面改善办学条件

9. 配齐配强体育教师。各地要加大力度配齐中小学体育教师，未配齐的地区应每年划出一定比例用于招聘体育教师。在大中小学校设立专（兼）职教练员岗位。建立聘用优秀退役运动员为体育教师或教练员制度。有条件的地区可以通过购买服务方式，与相关专业机构等社会力量合作向中小学提供体育教育教学服务，缓解体育师资不足问题。实施体育教育专业大学生支教计划。通过"国培计划"等加大对农村体育教师的培训力度，支持高等师范院校与优质中小学建立协同培训基地，支持体育教师海外研修访学。推进高校体育教育专业人才培养模式改革，推进地方政府、高校、中小学协同育人，建设一批试点学校和教育基地。明确高校高职体育专业和高校高水平运动队专业教师、教练员配备最低标准，不达标的高校原则上不得开办相关专业。

10. 改善场地器材建设配备。研究制定国家学校体育卫生条件基本标准。建好满足课程教学和实践活动需求的场地设施、专用教室。把农村学校体育设施建设纳入地方义务教育均衡发展规划，鼓励有条件的地区在中小学建设体育场馆，与体育基础薄弱学校共用共享。小规模学校以保基本、兜底线为原则，配备必要的功能教室和设施设备。加强高校体育场馆建设，鼓励有条件的高校与地方共建共享。配好体育教学所需器材设备，建立体育器材补充机制。建有高水平运动队的高校，场地设备配备条件应满足实际需要，不满足的原则上不得招生。

11. 统筹整合社会资源。完善学校和公共体育场馆开放互促共进机制，推进学校体育场馆向社会开放、公共体育场馆向学生免费或低收费开放，提高体育场馆开放程度和利用效率。鼓励学校和社会体育场馆合作开设体育课程。统筹好学校和社会资源，城市和社区建设规划要统筹学生体育锻炼需要，新建项目优先建在学校或其周边。综合利用公共体育设施，将开展体育活动作为解决中小学课后"三点半"问题的有效途径和中小学生课后服务工作的重要载体。

四、积极完善评价机制

12. 推进学校体育评价改革。建立日常参与、体质监测和专项运动技能测试相结合的考查机制，将达到国家学生体质健康标准要求作为教育教学考核的重要内容。完善学生体质健康档案，中小学校要客观记录学生日常体育参与情况和体质健康监测结果，定期向家长反馈。将体育科目纳入初、高中学业水平考试范围。改进中考体育测试内容、方式和计分办法，科学确定并逐步提高分值。积极推进高校在招生测试中增设体育项目。启动在高校招生中使用体育素养评价结果的研究。加强学生综合素质评价档案使用，高校根据人才培养目标和专业学习需要，将学生综合素质评价结果作为招生录取的重要参考。

13. 完善体育教师岗位评价。把师德师风作为评价体育教师素质的第一标准。围绕教会、勤练、常赛的要求，完善体育教师绩效工资和考核评价机制。将评价导向从教师教了多少转向教会了多少，从完成课时数量转向教育教学质量。将体育教师课余指导学生勤练和常赛，以及承担学校安排的课后训练、课外活动、课后服务、指导参赛和走教任务计入工作量，并根据学生体质健康状况和竞赛成绩，在绩效工资内部分配时给予倾斜。完善体育教师职称评聘标准，确保体育教师在职务职称晋升、教学科研成果评定等方面，与其他学科教师享受同等待遇。优化体育教师岗位结构，畅通体育教师职业发展通道。提升体育教师科研能力，在全国教育科学规划课题、教育部人文社会科学研究项目中设立体育专项课题。加大对体育教师表彰力度，在教学成果奖等评选表彰中，保证体育教师占有一定比例。参照体育教师，研究并逐步完善学校教练员岗位评价。

14. 健全教育督导评价体系。将学校体育纳入地方发展规划，明确政府、教育行政部门和学校的职责。把政策措施落实情况、学生体质健康状况、素质测评情况和支持学校开展体育工作情况等纳入教育督导评估范围。完善国家义务教育体育质量监测，提高监测科学性，公布监测结果。把体育工作及其效果作为高校办学评价的重要指标，纳入高校本科教学工作评估指标体系和"双一流"建设成效评价。对政策落实不到位、学生体质健康达标率和素质测评合格率持续下降的地方政府、教育行政部门和学校负责人，依规依法予以问责。

五、切实加强组织保障

15. 加强组织领导和经费保障。地方各级党委和政府要把学校体育工作纳入重要议事日程，加强对本地区学校体育改革发展的总体谋划，党政主要负责同志要重视、关心学校体育工作。各地要建立加强学校体育工作部门联席会议制度，健全统筹协调机制。把学校体育工作纳入有关领导干部培训计划。各级政府要调整优化教育支出结构，完善投入机制，积极支持学校体育工作。地方政府要统筹安排财政转移支付资金和本级财力支持学校体育工作。鼓励和引导社会资金支持学校体育发展，吸引社会捐赠，多渠道增加投入。

16. 加强制度保障。完善学校体育法律制度，研究修订《学校体育工作条例》。鼓励地方出台学校体育法规制度，为推动学校体育发展提供有力法治保障。建立政府主导、部门协同、社会参与的安全风险管理机制。健全政府、学校、家庭共同参与的学校体育运动伤害风险防范和处理机制，探索建立涵盖体育意外伤害的学生综合保险机制。试行学生体育活动安全事故第三方调解机制。强化安全教育，加强大型体育活动安全管理。

17. 营造社会氛围。各地要研究落实加强和改进新时代学校体育工作的具体措施，可以结合实际制定实施学校体育教师配备和场地器材建设三年行动计划。总结经验做法，形成可推广的政策制度。加强宣传，凝聚共识，营造全社会共同促进学校体育发展的良好社会氛围。

附录二:《体育总局 教育部关于印发深化体教融合 促进青少年健康发展意见的通知》

体发〔2020〕1 号

各省、自治区、直辖市人民政府,新疆生产建设兵团,国务院有关部委、有关直属机构:

《关于深化体教融合 促进青少年健康发展的意见》已经中央全面深化改革委员会第十三次会议审议通过。经国务院同意,现印发给你们,请结合实际认真贯彻执行。

体育总局 教育部

2020 年 8 月 31 日

关于深化体教融合 促进青少年健康发展的意见

为贯彻落实习近平总书记关于体育强国建设的重要指示和全国教育大会精神,充分发挥党委领导和政府主导作用,深化具有中国特色体教融合发展,推动青少年文化学习和体育锻炼协调发展,促进青少年健康成长、锤炼意志、健全人格,培养德智体美劳全面发展的社会主义建设者和接班人,经国务院同意,现根据"一体化设计、一体化推进"原则提出以下意见:

一、加强学校体育工作

( )树立健康第一的教育理念,面向全体学生,开齐开足体育课,帮助学生在体育锻炼中享受乐趣、增强体质、健全人格、锤炼意志,实现文明其精神、野蛮其体魄。

(二)开展丰富多彩的课余训练、竞赛活动,扩大校内、校际体育比赛覆盖面和参与度,组织冬夏令营等选拔性竞赛活动。通过政府购买服务等形式支持社会力量进入学校,丰富学校体育活动,加强青少年学生军训。

(三)大中小学校在广泛开展校内竞赛活动基础上建设学校代表队,参加区域内乃至全国联赛。对开展情况优异的学校,教育部门会同体育部门在教师、教练员培训等方面予以适当激励。鼓励建设高水平运动队的高校全面建立足球、篮球、排球等集体球类项目队伍，鼓励中学建立足球、篮球、排球学校代表队。

（四）支持大中小学校成立青少年体育俱乐部，制定体育教师在课外辅导和组织竞赛活动中的课时和工作量计算等补贴政策。

（五）健全学校体育相关法律体系，修订《学校体育工作条例》。教育部、体育总局共同制定学校体育标准。教育部门要会同体育、卫生健康部门加强对学校体育教学、课余训练、竞赛、学生体质健康监测的评估、指导和监督。

（六）将体育科目纳入初、高中学业水平考试范围，纳入中考计分科目，科学确定并逐步提高分值，启动体育素养在高校招生中的使用研究。

（七）加快体育高等院校建设，丰富完善体育教育体系建设。加强体育基础理论研究，发挥其在项目开展、科研训练、人才培养等方面的智库作用。体育高等院校、有体育单独招生的普通高等学校加大培养高水平教练员、裁判员力度。建设体育职业学院，加强相关专业建设，遴选建设有关职业技能等级证书，培养中小学校青训教练员。

（八）在体育高等院校建立足球、篮球、排球学院，探索在专科、本科层次设置独立的足球、篮球、排球学院。

二、完善青少年体育赛事体系

（九）义务教育、高中和大学阶段学生体育赛事由教育、体育部门共同组织，拟定赛事计划，统一注册资格。职业化的青少年体育赛事由各单项协会主办、教育部学生体协配合。

（十）教育、体育部门整合学校比赛、U系列比赛等各级各类青少年体育赛事，建立分学段（小学、初中、高中、大学）、跨区域（县、市、省、国家）的四级青少年体育赛事体系，利用课余时间组织校内比赛、周末组织校际比赛、假期组织跨区域及全国性比赛。

（十一）合并全国青年运动会和全国学生运动会，改称全国学生（青年）运动会，由教育部牵头、体育总局配合，组别设置、组织实施、赛制安排等具体事宜由组委会研究确定。

（十二）加快推动体育行业协会与行政机关脱钩，充分发挥单项协会的专业性、权威性，教育部学生体协积极配合，以足球、篮球、排球、冰雪等运动项目为引领，并根据项目特点和改革进展情况积极推进。

（十三）教育、体育部门为在校学生的运动水平等级认证制定统一标准并共同评定。

（十四）对参加世界大学生运动会、世界中学生运动会、世界单项学生赛事、全国运动会、全国学生（青年）运动会、全国单项锦标赛田径、游泳、射击等项目运动员的成绩纳入体育、教育部门双方奖励评估机制。

三、加强体育传统特色学校和高校高水平运动队建设

（十五）按照"一校一品""一校多品"的学校体育模式，整合原体育传统项目学校和体育特色学校，由教育、体育部门联合评定体育传统特色学校。教育、体育部门共同完善体育传统特色学校的竞赛、师资培训等工作。教育部门支持优秀体育传统特色学校建立高水平运动队，给予相应政策支撑。体育部门对青少年各类集训活动进行开放，接纳在校学生在课余时间参加，推动社会公共体育场馆免费或低收费向学生开放，促进学校体育水平提高。

（十六）充分利用冬夏令营活动，以体育传统特色学校为主要对象，实施体育项目技能培训，并组织力量提供专业体育训练和指导，提高体育传统特色学校运动水平。

（十七）教育、体育部门每两年对体育传统特色学校发展情况进行评估，制定相应工作计划。

（十八）教育、体育部门联合建设高校高水平运动队，进一步规范项目布局、招生规模、入学考试、考核评价等。鼓励高校积极申报设立高水平运动队，合理规划高水平运动队招生项目覆盖面，加大对高水平运动队的招生力度。

（十九）教育部门要完善加强高校高水平运动员文化教育相关政策，通过学分制、延长学制、个性化授课、补课等方式，在不降低学业标准要求、确保教育教学质量的前提下，为优秀运动员完成学业创造条件。

（二十）体育、教育部门推进国家队、省队建设改革与高校高水平运动队建设相衔接，在高水平运动队训练、竞赛、保障等方面给予大力支持，并将其纳入竞技体育后备人才培养序列。按照公开公平公正的程序选拔一定比例的优秀运动员、运动队进入省队、国家队，由其代表国家承担相应国际比赛任务。

四、深化体校改革

（二十一）推进各级各类体校改革，在突出体校专业特色和体育后备人才培养任务的同时，推动建立青少年体育训练中心，配备复合型教练员保障团队，以适当形式与当地中小学校合作，为其提供场地设施、教学服务、师资力量等。

（二十二）继续贯彻落实《关于进一步加强运动员文化教育和运动员保障工作的指导意见》，将体校义务教育适龄学生的文化教育全部纳入国民教育体系，配齐配足配优文化课教师，加强教育教学管理。鼓励体校与中小学校加强合作，为青少年运动员提供更好教育资源，创造更好的教育条件，不断提高其文化教育水平。

（二十三）确保体校教师在职称评定、继续教育等方面相应享受与当地普通中小学校或中等职业学校教师同等待遇，合理保障工资薪酬。

（二十四）鼓励体校教练员参与体育课教学和课外体育活动，为学生提供专项运动技能培训服务，并按规定领取报酬。

五、规范社会体育组织

（二十五）鼓励青少年体育俱乐部发展，建立衔接有序的社会体育俱乐部竞赛、训练和培训体系，落实相关税收政策，在场地等方面提供政策支持。教育部、体育总局共同制定社会体育俱乐部进入校园的准入标准，由学校自主选择合作俱乐部。同时要加强事中事后监管，改善营商环境，激发市场活力，避免因联合认定俱乐部而可能出现变相行政审批的现象。

（二十六）支持社会体育组织为学校体育活动提供指导，普及体育运动技能。有条件的地方，可以通过政府向社会体育组织购买服务的方式，为缺少体育师资的中小学校提供体育教学和教练服务。

六、大力培养体育教师和教练员队伍

（二十七）落实《学校体育美育兼职教师管理办法》，制定优秀退役运动员进校园担任体育教师和教练员制度，制定体校等体育系统教师、教练员到中小学校任教制度和中小学校文化课教师到体校任教制度。畅通优秀退役运动员、教练员进入学校兼任、担任体育教师的渠道，探索先入职后培训。

（二十八）选派优秀体育教师参加各种体育运动项目技能培训，增强体育教学和课余训练能力。

（二十九）制定在大中小学校设立专兼职教练员岗位制度，明确教练员职称评定、职业发展空间等。

七、强化政策保障

（三十）研究制定有体育特长学生的评价、升学保障等政策，探索灵活学籍等制度，采取综合措施为有体育特长学生创造发展空间，为愿意成为专业运动员的学生提供升学通道，解除后顾之忧。

（三十一）鼓励各地在体育传统特色学校的基础上建立健全"一条龙"人才体系，由小学、初中、高中组成对口升学单位，开展相同项目体育训练，解决体育人才升学断档问题。

（三十二）加强场地设施共享利用，鼓励存量土地和房屋、绿化用地、地下空间、建筑屋顶等兼容建设场地设施。支持场地设施向青少年免费或低收费开放，将开展青少年体育情况纳入大型体育场馆综合评价体系。鼓励利用场地设施创建或引入社会体育组织，提供更多公益性体育活动。

（三十三）严格规范青少年运动员培训、参赛和流动，加强运动员代理人从业管理，坚决执行培训补偿政策，切实保障"谁培养谁受益"。

（三十四）加大对青少年体育赛事、活动的宣传转播力度，营造全社会关注、重视青少年体育的良好氛围。

八、加强组织实施

（三十五）成立由国务院办公厅、教育部、体育总局牵头，中央宣传部、发展改革委、民政部、财政部、人力资源社会保障部、自然资源部、住房城乡建设部、卫生健康委、税务总局、市场监管总局、银保监会、共青团中央等部门参与的青少年体育工作部际联席会议制度，原则上每半年召开一次，研究解决存在的问题，重大事项按程序报国务院决定。

（二十六）压实地方责任。通过统筹资源、加强考核等政策引导，充分调动地方积极性。

（三十七）建立联合督导机制，对体教融合中涉及全民健身、竞技体育的相关政策执行情况要定期评估，对执行不力的要严肃追责。

附录三：《关于进一步完善和规范高校高水平运动队考试招生工作的指导意见》

教学〔2021〕2 号

各省、自治区、直辖市高等学校招生委员会、教育厅（教委）、体育局、教育招生考试机构，新疆生产建设兵团教育局、体育局，有关部门（单位）教育司（局），部属有关高等学校：

为深入贯彻党的十九大和十九届二中、三中、四中、五中全会精神，全面落实习近平总书记在庆祝中国共产党成立 100 周年大会上的重要讲话精神和全国教育大会精神，认真贯彻落实《深化新时代教育评价改革总体方案》《关于全面加强和改进新时代学校体育工作的意见》《关于深化体教融合 促进青少年健康发展的意见》要求，进一步深化高校高水平运动队（以下简称高水平运动队）考试招生改革，强化规范管理，现就有关工作提出如下意见。

一、总体要求

多年来，我国高校高水平运动队建设取得明显效果，为探索体教结合培养高水平运动员模式积累了丰富经验，但在考试招生、在校管理等方面距离新时代新要求仍有差距。高水平运动队考试招生工作，要坚持以习近平新时代中国特色社会主义思想为指导，全面贯彻党的教育方针，落实立德树人根本任务，弘扬体育精神，弘扬体育道德风尚，不断提高人才选拔的公平性和科学性。明晰工作定位，选拔培养德智体美劳全面发展且具有较高体育竞技水平的学生，为奥运会、世界大学生运动会等重大体育比赛和国家竞技体育后备人才培养体系提供人才支撑。突出问题导向，严格招生程序，完善评价机制，着力解决个别学生文化成绩和体育竞技水平偏低、个别高校考试组织不规范、在校管理不严格、个别地方运动员技术等级证书造假等问题。尊重教育规律，深化体教融合，强化培养过程管理，健全学训保障体系，不断提升学生运动技能、竞技水平和学业水平，促进学生全面成长成才。加强监督管理，健全管理制度，严格政策执行，强化信息公开，畅通监督举报渠道，加大违规查处力度，确保公平公正。

二、优化招生项目范围

有关高校要紧紧围绕高水平运动队工作定位，在奥运会、世界大学生运动会项目（包括足球、篮球、排球项目等）范围内，按照教育部评估确定的项目，结合学校实际，根据本校运动队建设规划，确定运动队招生项目和招生计划。要重点安排群众基础好、普及程度高、竞技性强的体育项目。探索与地方试点建设"一条龙"体育人才培养体系衔接，不断优化项目设置。

对于不具备相关师资、设备、场地等组队条件、退队率超过 20% 的高校，和非奥运会或世界大学生运动会项目、未设运动员技术等级标准、生源严重不足且连续两年录取数为零的相关项目，不再安排高水平运动队招生。本校运动训练、武术与民族传统体育专业已涉及的运动项目，不安排高水平运动队招生。教育部会同有关部门加强对高水平运动队建设质量的综合评估，建立完善招生高校和项目准入退出机制，将参加奥运会、世界大学生运动会等重大体育比赛情况作为重要评估指标，原则上连续三届奥运会、世界大学生运动会没有学生参赛的项目，不再安排高水平运动队招生。

三、严格报考条件和资格审核

2024 年起，符合生源省份高考报名条件，获得国家一级运动员（含）以上技术等级称号者方可以报考高水平运动队。2027 年起，符合生源省份高考报名条件，获得国家一级运动员（含）以上技术等级称号且近三年在国家体育总局、教育部规定的全国性比赛中获得前八名者方可以报考高水平运动队。有关高校可进一步提高报考本校高水平运动队的具体条件要求。

各地体育部门要加强对运动员技术等级证书的发放和管理，优化工作程序，抓紧实施运动员技术等级赛后即时授予，尽快建立数据波动较大、短期集中操作异常情况的预警处置机制，坚决打击和防范运动员技术等级证书造假行为。高校要加强考生报考资格审核，健全资格审核工作责任制，重点加强对考生运动员技术等级证书的核验。要通过国家体育总局运动员技术等级系统进行逐一比对，对发现疑似有问题的证书，要商请相关体育部门予以进一步核查。高校要对考生的基本报考信息、运动员技术等级证书及参加赛事名次等予以公示，主动接受社会监督。

四、改进考试评价方式

高水平运动队招生采取"文化考试+专业测试"相结合的考试评价方式。2024

年起，高水平运动队考生文化考试成绩全部使用全国统一高考文化课考试成绩。专业测试全部纳入全国统考，由国家体育总局牵头组织实施，高校不再组织相关校考。探索利用更多现代技术手段，客观测试学生体育运动水平。2024 年前，高水平运动队尚未纳入全国统考的项目专业测试，原则上应采用国家体育总局审定的运动训练、武术与民族传统体育专业考试方法与评分标准。教育部、国家体育总局联合成立高校体育类考试招生指导委员会，宏观指导高校体育类考试招生等相关工作。

五、提高文化成绩要求

有关高校要结合本校发展定位和人才培养要求，合理确定本校高水平运动队录取考生文化课成绩要求，2024 年起，招收高水平运动队的"世界一流大学建设高校"，对考生的高考成绩要求须达到生源省份本科录取最低控制分数线；其他高校对考生的高考成绩要求须达到生源省份本科录取最低控制分数线的 80%。对于体育专业成绩突出、具有特殊培养潜质的考生，允许高校探索建立文化课成绩破格录取机制。破格录取办法须经学校党委常委会审议通过并报所在地省级教育行政部门备案，提前在招生章程中向社会公布。破格录取考生名单须经学校招生工作领导小组审议通过，报生源所在地省级高校招生委员会（以下简称省级招委）核准后予以录取，并在学校招生网站进行公示。

六、完善招生录取机制

有关高校要详细明确运动队各项目（分性别、分位置或小项）的招生计划。高考文化课成绩达到相关高校最低要求且专业成绩达到录取最低控制分数线的考生可填报相关高水平运动队志愿。高校按照招生计划，依据考生专业测试成绩，参考综合素质评价，择优录取。坚持优中选优，强化对考生体育精神和体育道德风尚的考察。2024 年起，高水平运动队录取学生中，高考文化课成绩不低于招生高校相关专业在生源省份录取分数线下 20 分的学生，可申请就读相应的普通专业；其余学生限定就读体育学类专业，原则上不得转到其他类专业就读。对兴奋剂违规考生，取消当年高考报名、考试和录取资格，计入考生诚信档案。

七、加强入校培养管理

高校要严格组织新生入学复查，对于体育专项复测不合格、入学前后两次测试成绩差异显著的考生，要组织专门调查。对于通过弄虚作假、徇私舞弊方式骗取录取资格的学生以及违规录取的学生，一律取消入学资格、录取资格或学籍。

高水平运动队录取学生入学时应与高校签订协议，认真履行参加训练和比赛的义务。高校要把学生在运动队的考核，包括参加训练学时和表现、比赛成绩和突出贡献等情况另设为必修课进行管理，并计算必修学分纳入总学分。对入学后擅自不参加训练和比赛的高水平运动员，高校要严格按照学籍管理规定进行处理，情节严重的给予纪律处分或者退学处理。因伤、病残或其他特殊客观原因，确实不能继续训练参赛的，由高校体育部门会同教务、学生工作等部门商议后，报学校体育运动委员会审议确定可以退队。高校要严格把关，并加强复审督察。经审定退队无法继续参加训练及比赛的学生，要通过指导普通学生开展体育锻炼及比赛的形式完成相关学时。

要严格学业标准，原则上高水平运动队学生与普通学生的学业水平要求应保持一致，参加本科毕业论文（设计）抽检。高校可通过学分制、延长学制、个性化授课、补课等方式，在不降低学业标准要求、确保教育教学质量的前提下，积极为高水平运动队学生完成学业创造条件。

八、加大监督及违规查处力度

省级高校招生委员会负责指导、监督相关高校在本地开展高水平运动队招生工作。建立健全省级招委会统一领导，教育行政部门、招生考试机构、纪检监察部门和有关部门组成的省级考试招生监督工作组，建立健全学校、教师、学生和社会多方参与的考试招生监督工作机制，全流程监督本地区和相关高校考试招生工作。高校是高水平运动队招生工作的责任主体，主要负责同志是第一责任人，分管负责同志是直接责任人。要加强学校党委组织领导，高水平运动队考试招生办法须经学校党委常委会研究审定。要严格执行招生政策，严格遵守高校招生"十严禁""30个不得""八项基本要求"等纪律。要畅通社会监督举报渠道，完善考生申诉和仲裁机制，及时回应处理各种问题。

高校要深入落实招生信息公开要求，加大信息公开力度，进一步拓宽公开范围，细化公开事项，全面、及时、准确公布高水平运动队考试招生信息，主动接受社会监督。加强招生政策公开，高校要提前公布高水平运动队招生计划、报考条件、选拔程序、考核方式、录取规则、入学后就读专业、日常训练及学业要求。加强考生资格信息公开，高校要公示所有报考考生的姓名、省份、所在中学（或单位）、运动项目及运动员技术等级证书等信息。加强录取结果公开，高校要公示拟录取考生的姓名、运动项目、统考测试成绩、录取优惠政策等信息。高校教职工子女和亲属报考本校高水平运动队的，教职工本人要提前向所在部门申报并执行回避制度，录取的教职工子女和亲属信息要在校内公示，并主动接受监督。

各地体育部门要加大对运动员技术等级证书造假的惩处力度，对运动员技术等级证书造假的考生，取消运动员技术等级称号，并列入等级称号黑名单；参加高考报名的，由生源地省级招生考试机构取消当年高考报名、考试和录取资格，计入考生诚信档案。对参与运动员技术等级证书造假的其他人员，由相关部门依法依规从严惩处。

对在高水平运动队招生中违规的考生、高校及有关工作人员，各地各高校要严格按照《国家教育考试违规处理办法》《普通高等学校招生违规行为处理暂行办法》所确定的程序和规定严肃查处。建立违规招生行为负面清单制度，对高水平运动队招生中出现违规行为的高校进行严肃处理，直至取消高水平运动队招生资格。

教育部　国家体育总局

2021 年 9 月 7 日

普通高校高水平运动队训练与管理教程

附录四：《教育部关于进一步加强普通高等学校
高水平运动队建设管理的意见》

教体艺〔2022〕1号

各省、自治区、直辖市教育厅（教委），新疆生产建设兵团教育局，部属各高等学校、部省合建各高等学校：

在普通高等学校建设高水平运动队是国民教育体系通过体教融合培养优秀竞技体育后备人才的重要实践。自开展高校高水平运动队建设以来，顺利完成了组队参加国内外大学生体育竞赛的国家任务，充分展示了我国大学生的体育竞技水平和精神面貌，有力推动了普通高校体育工作的改革发展。根据《中共中央办公厅 国务院办公厅关于全面加强和改进新时代学校体育工作的意见》《国家体育总局 教育部关于深化体教融合促进青少年健康发展的意见》精神，高校高水平运动队建设要纳入国家竞技人才培养体系，需要在内涵建设、竞赛组织、评价考核和组织管理等方面进一步完善，促进高校高水平运动队服务于学校体育发展和国家竞技人才培养。现提出如下意见。

一、总体要求

深入贯彻落实党的十九大和十九届历次全会精神，坚持以习近平新时代中国特色社会主义思想为指导，全面贯彻党的教育方针，落实立德树人根本任务，认真落实全国教育大会精神，不断强化高校高水平运动队的内涵建设和规范管理，持续完善我国优秀竞技体育人才培养体系。

要深化体教融合。健全协同育人机制，促进高校高水平运动员文化学习与体育训练、竞赛协调发展，全面解决高校高水平运动队建设管理工作的难点问题。要落实从严管理。健全管理制度，严格政策执行，压实管理责任。教育部门是高校高水平运动队的建设规划主体，高校是高水平运动队建设的责任主体，在高水平运动员资格认定、学籍管理、学分认定、训练竞赛、离队伤退、奖励处罚、赛事要求等方面要加强管理，形成入校以后科学有效的管理闭环。加大违规查处力度，建立淘汰退出机制，确保公平公正。要尊重教育规律。落实科学规范管理要求，深入推进高水平运动队管理制度改革，遵循人才培养规律，探索构建全程育人机制，全面促进高水平运动员成才成长。

二、准确把握功能定位和建设目标

高水平运动队建设高校要明晰工作定位，选拔培养德智体美劳全面发展且具有较高体育竞技水平的学生，为奥运会、世界大学生运动会等重大体育比赛和国家竞技体育后备人才培养提供支撑。要重点安排群众基础好、社会普及程度高、竞技性强的体育项目，探索试点建设大中小"一体化"的人才培养体系，引领学校体育课余训练与竞赛的改革与发展，为我国培养全面发展的高水平体育人才。

三、明晰各管理主体职责

教育部会同有关部门制定各项目高水平运动队建设规划，有关高校要建立与之相关的工作机制。

高校要制定高水平运动队发展规划和年度工作计划并组织实施检查和总结；审核、批准各运动队发展规划、年度总目标及训练计划；领导、督促和检查各运动队日常训练和竞赛工作；制定并执行教练员、运动员的奖惩措施；负责学生的学分认定和学籍管理，学生的课程修读、免修、补考、重修等均须遵守所在院系的教学规定。

教练员负责制定本队年度训练目标、计划和任务；负责本队训练和日常管理；负责带队参加比赛并作赛后总结；对本队运动员的体育成绩给予客观、公正的评价。

高水平运动员要遵守学校各项管理规定，遵守运动队的管理办法，服从教练员的指导训练，保质保量完成训练计划，提高竞技水平，积极参与各项比赛，为学校和国家争取荣誉。

四、严格运动员学籍和学分管理

高水平运动员在校期间，按有关规定和学校要求编入各体育专项运动队，学籍应纳入所在学校学籍系统统一管理，体育主管部门负责运动员的训练与竞赛。高水平运动员招生入学专业，除因学生身体原因不能适应专业学习外不得变更。高水平运动员基本学制与普通学生相同，在校修业年限不得超过本专业学校规定的最大年限。

运动员的"训练与竞赛课程"贯穿所有学年，"训练与竞赛课程"可替代体育课程必修与选修部分。高水平运动队学生与普通学生的学业水平要求原则上应保持一致。高水平运动员每学年所修课程未达到学校规定标准者，应予以留级。考试不及格者按要求参加学校组织的补考或重修。

高水平运动员能够按时高质完成训练计划，竞赛成绩优异的可获得奖励学分。参加比赛未获得名次、因集训影响学业考核而不及格者，经本队教练员提出申请，学校体育部门运动队管理小组审核，报教务部门批准，对相关课程予以补考或重修。

五、规范运动员伤退、离队与退学管理

高水平运动员在校期间原则上不得离队。因急性创伤或急性疾病，暂时中止训练或竞赛，确有必要休养的，由本人凭专科医生的诊断证明，向其所在代表队书面提出暂时离队申请，且须说明暂时离队的期限。经所在代表队教练及负责人审核并签署意见，报学校体育部门主要负责同志批准后，方可离队休养。伤病痊愈或到期后，应立即归队。

因伤、病、残或其他特殊客观原因，确实不能继续训练参赛的，凭指定医院专科医生的诊断证明书或其他相关证明，由本人向所在代表队提出离队书面申请，经其所在代表队教练及负责人审核并签署意见，由学校体育部门会同学生、教务等职能部门商议，报学校体育运动委员会审议确定，可根据高水平运动队工作需要安排其他工作或退队。后续工作视具体情况由学校体育部门会同有关单位依照国家和学校有关规定办理。

高水平运动员在毕业学年前，申请自费出国留学的，须先办理退学手续，学校不为其保留学籍。高水平运动员进入毕业学年后，申请自费出国留学，按学校相关规定办理。高水平运动员在校期间，不得在国外实习。若成为国内交换生，则只能代表原学校参赛。

高水平运动队成员不服从学校与体育部门的安排，或无正当理由不完成训练计划、不参加学校安排的竞赛活动，或未经学校批准自行参加其他赛事影响学校声誉或利益，经批评教育无效者，可予以退学处理。

六、细化运动员的奖励与处罚管理

高校可根据学生训练情况和竞赛成绩，给予适当的伙食补助和精神、物质奖励。思想进步、学习优良、竞赛和训练成绩突出、符合学校推免生申请条件的高水平运动员，可按学校推免统一规定和办法申请推免资格。高校不得给高水平运动员单列推免名额或制定单独推免办法。

运动员在学校期间应严格遵守《普通高等学校学生管理规定》。参加各级、各类比赛应严格遵守《全国学生体育竞赛纪律处罚规定》，违反规定的按相应文件处

理。对无故迟到、早退、旷训等违反纪律的运动员进行批评教育，对情节严重、屡次违反者将给予严肃处理。无故不参加规定的正式比赛两次或在比赛中造成重大事故，影响恶劣，给学校造成较大损失的按学校有关规定给予纪律处分。

七、加大组织实施及监督力度

各地各有关高校要把高水平运动队建设作为深入推进体教融合的重要途径，在高水平运动队训练、竞赛、保障等方面提出明确要求。教育部门会同有关部门指导各地各有关高校将其纳入竞技体育后备人才培养序列，畅通高校优秀运动员进入省队和国家队的通道。

要探索聘任优秀的退役运动员和有扎实理论、实践基础的专业人员充实教练员队伍，并严格按照《新时代高校职业行为十项准则》进行管理。要建立教练员问责机制，把教练员训练比赛、课外辅导等纳入教学工作量，将执教业绩与岗位聘用、职称评聘、绩效考核和评优表彰等挂钩。

要完善高水平运动队竞赛体系，以足球项目为先导，建立健全篮球、排球等高水平运动队建设项目学校的全国及省级联赛制度，形成赛制稳定、衔接有序的竞赛格局。建立健全以竞赛成绩为基础的高水平运动队动态管理和退出补充机制，实施高水平运动队建设资格和竞赛成绩挂钩的末位淘汰制度，对未取得相应成绩的学校予以淘汰退出。

要发挥"以赛促训、以赛促建、以赛督建"在高水平运动队建设中的重要作用，加强考核评价，完善比赛成绩追踪考核机制和高水平运动队评估制度。建立负面清单制度，加大对违规违纪学校、师生的处理力度，对出现较为严重管理问题的学校或项目，取消其建设资格。

教育部

2022 年 1 月 26 日

附录五：中共中央办公厅 国务院办公厅印发
《关于构建更高水平的全民健身公共服务体系的意见》

构建更高水平的全民健身公共服务体系，是加快体育强国建设的重要基石，是顺应人民对高品质生活期待的内在要求，是推动全体人民共同富裕取得更为明显的实质性进展的重要内容。为贯彻落实党中央、国务院有关决策部署，增强人民体质，提高全民健康水平，现就构建更高水平的全民健身公共服务体系提出如下意见。

一、总体要求

（一）指导思想。以习近平新时代中国特色社会主义思想为指导，全面贯彻党的十九大和十九届历次全会精神，坚持以人民为中心，贯彻新发展理念，以增强人民体质、提高全民健康水平为根本目的，深入实施全民健身国家战略，全面推进健康中国建设，进一步发挥政府作用，激发社会力量积极性，优化资源布局，扩大服务供给，构建统筹城乡、公平可及、服务便利、运行高效、保障有力的更高水平的全民健身公共服务体系。

（二）工作原则

——覆盖全民，公益导向。健全促进全民健身制度性举措，扩大公益性和基础性服务供给，提高参与度，增强可及性，推动全民健身公共服务体系覆盖全民、服务全民、造福全民。

——科学布局，统筹城乡。以需求为导向配置全民健身公共服务资源，引导优质资源向基层延伸。对接国家重大战略，促进全民健身公共服务城乡区域协调发展。

——创新驱动，绿色发展。强化资源集约利用和科技支撑，推动体制机制改革和供给方式创新。打造绿色便捷的全民健身新载体，促进全民健身与生态文明建设相结合。

——政府引导，多方参与。发挥政府保基本、兜底线的作用，推进基本公共服务均等化，尽力而为、量力而行。激发社会力量积极性，推动共建共治共享，形成全民健身发展长效机制。

（三）主要目标。到2025年，更高水平的全民健身公共服务体系基本建立，人均体育场地面积达到2.6平方米，经常参加体育锻炼人数比例达到38.5%，政府提供的全民健身基本公共服务体系更加完善、标准更加健全、品质明显提升，社会力量提供的普惠性公共服务实现付费可享有、价格可承受、质量有保障、安全有监管，群众健身热情进一步提高。到 2035 年，与社会主义现代化国家相适应的全民健身公共服务体系全面建立，经常参加体育锻炼人数比例达到 45% 以上，体育健身和运动休闲成为普遍生活方式，人民身体素养和健康水平居于世界前列。

二、完善支持社会力量发展全民健身的体制机制

（四）健全全民健身组织网络。积极稳妥推进体育协会与体育行政部门脱钩。体育行政部门要加强对体育社会组织的政策引导和监督管理。全国性单项体育协会要加强对会员单位的联系和服务，完善相关标准规范。支持全国性单项体育协会积极发展单位会员，探索发展个人会员。将运动项目的推广普及作为对单项体育协会的主要评价指标。支持党政机关、企事业单位、学校常态化制度化组织健身活动。鼓励发展在社区内活动的群众自发性健身组织。

（五）夯实社区全民健身基础。将全民健身公共服务纳入社区服务体系，培育一批融入社区的基层体育俱乐部和运动协会。在社区内活动的符合条件的基层体育组织可依法向县级民政部门申请登记。在社区设立健身活动站点，引导体育社会组织下沉社区组织健身赛事活动。实施社区健身设施夜间"点亮工程"。

（六）推动更多竞技体育成果全民共享。推动体育系统管理的训练中心、基地、体校的健身设施以及运动康复等服务向社会开放。促进国家队训练方法、日常食谱、康复技巧等实行市场化开发和成果转化。建立国家队、省队运动员进校园、进社区制度，现役国家队、省队运动员每年要在中小学校或社区开展一定时间的健身指导服务。建立面向全社会的体育运动水平等级制度，健全服务全民健身的教练员、裁判员评价体系。建立高水平运动队帮扶基层体育社会组织的机制。

三、推动全民健身公共服务城乡区域均衡发展

（七）按人口要素统筹资源布局。加大全民健身公共服务资源向基础薄弱区域和群众身边倾斜力度，与常住人口总量、结构、流动趋势相衔接。完善农村全民健身公共服务网络，逐步实现城乡服务内容和标准统一衔接。鼓励有条件的城市群和都市圈编制统一的全民健身规划，促进区域内健身步道、沿河步道、城市绿道互联互通，健身设施共建共享。

（八）优化城市全民健身功能布局。超大特大城市中心城区要推广功能复合、立体开发的集约紧凑型健身设施发展模式。大中城市要加强多中心、多层级、多节

点的全民健身资源布局，打造现代时尚的健身场景。县城城镇化要同步规划、同步建设健身设施。老城区要结合城市更新行动，鼓励运用市场机制盘活存量低效用地，增加开敞式健身设施。新建城区要结合城市留白增绿，科学规划社区全民健身中心，建设与生产生活空间相互融合、与绿环绿廊绿楔相互嵌套的健身设施。

（九）构建对接国家重大战略的空间布局。结合落实京津冀协同发展、长江经济带发展、粤港澳大湾区建设、推进海南全面深化改革开放、长三角一体化发展、黄河流域生态保护和高质量发展等重大战略，以及推进成渝地区双城经济圈建设，完善健身设施布局。研究推动在河北崇礼、吉林长白山（非红线区）、黑龙江亚布力、新疆阿勒泰等地建设冰雪丝路带。支持京张体育文化旅游带建设。支持新疆、吉林共同创建中国冰雪经济高质量发展试验区。沿太行山和京杭大运河、西安至成都、青藏公路打造"三纵"，沿丝绸之路、318 国道、长江、黄河沿线打造"四横"，构建户外运动"三纵四横"的空间布局。

四、打造绿色便捷的全民健身新载体

（十）打造群众身边的体育生态圈。实施全民健身设施补短板工程，建设全民健身中心、公共体育场、社会足球场等健身设施，加强乡镇、街道健身场地器材配备，构建多层级健身设施网络和城镇社区 15 分钟健身圈。新建居住区要按室内人均建筑面积不低于 0.1 平方米或室外人均用地不低于 0.3 平方米的标准配建公共健身设施，纳入施工图纸审查，验收未达标不得交付使用。支持社会力量建设"百姓健身房"，鼓励有条件的企事业单位利用自有资源建设共享健身空间。建设国家全民健身信息服务平台。

（十一）拓展全民健身新空间。制定国家步道体系建设总体方案和建设指南。支持依法利用林业生产用地建设森林步道、登山步道等健身设施。推进体育公园建设，推动体育公园向公众免费开放。在现有郊野公园、城市公园中因地制宜配建一定比例的健身设施。在符合相关法律法规、不破坏生态、不妨碍行洪和供水安全的前提下，支持利用山地森林、河流峡谷、草地荒漠等地貌，建设特色体育公园，在河道湖泊沿岸、滩地等地建设健身步道，并设立必要预警设施和标识。

（十二）完善户外运动配套设施。加强冰雪、山地等户外运动营地及登山道、徒步道、骑行道等设施建设。加强户外运动目的地与交通干线之间的连接，完善停车、供电、供水、环卫、通信、标识、应急救援等配套设施。公共户外运动空间可配套建设智能化淋浴、更衣、储物等设施。支持建设符合环保和安全等要求的气膜结构健身馆等新型健身场地设施。

107

（十三）推进健身设施绿色低碳转型。开展公共体育场馆开放服务提升行动，推广绿色建材和可再生能源使用，实施节能降本改造，加快运用 5G 等新一代信息技术改进场馆管理和赛事服务。制定绿色体育场馆运营评价通用规范。控制大型综合体育场馆的规模和数量，鼓励有条件的地方建设高品质专项运动场馆。体育场馆建设要与城市风貌、城市文脉、城市精神相适应。户外运动设施不能逾越生态保护红线，不能破坏自然生态系统，充分利用自然环境打造运动场景。

（十四）推动健身场地全面开放共享。事业单位和国有企业要带头开放可用于健身的空间，做到能开尽开。已建成且有条件的学校要进行"一场两门、早晚两开"体育设施安全隔离改造；新建学校规划设计的体育设施要符合开放条件。鼓励学校体育设施对社会开放实行免费和低收费政策。支持第三方对区域内学校体育设施开放进行统一运营。鼓励私营企业向社会开放自有健身设施。

五、构建多层次多样化的赛事活动体系

（十五）支持社会力量举办赛事。公开全国综合性运动会和单项体育赛事目录及承接标准，引入社会资本参与承办赛事。优化体育赛事使用道路、空域、水域、无线电等行政审批流程。修订《大型群众性活动安全管理条例》，推动体育赛事活动安保服务社会化、市场化、专业化发展。

（十六）培育赛事活动品牌。建立分学段、跨区域的四级青少年体育赛事体系。建立足球、篮球、排球业余竞赛体系。加快发展以自主品牌为主的体育赛事体系，培育形成具有世界影响力的职业联赛。支持打造群众性特色体育赛事，引导举办城市体育联赛。鼓励群众自发性健身组织举办广场舞、健步走、棋牌等健身活动。

（十七）推动户外运动发展。编制户外运动产业发展规划。开展自然资源向户外运动开放试点，制定在可利用的水域、空域、森林、草原等自然区域内允许开展的户外运动活动目录。推动户外运动装备器材便利化运输。鼓励户外运动装备制造企业向服务业延伸发展。

（十八）加强赛事安全管理。落实赛事举办方安全主体责任，严格赛事安全监管责任，责任履行不到位的，依照有关规定严肃追责问责。配足配齐安保力量，强化安保措施，确保各类赛事活动安全顺利举办。建立户外运动安全分级管控体系，分类制定办赛安全标准。制定政府有偿救援标准。支持保险和商业救援服务发展，培育民间公益救援力量。加强户外安全知识教育，引导群众科学认识身心状况、理性评估竞技能力、积极应对参赛风险。

六、夯实广泛参与全民健身运动的群众基础

（十九）落实全龄友好理念。建立适合未成年人使用的设施器材标准，培养未成年人参与体育项目兴趣。推动公共体育场馆向青少年免费或低收费开放。为老年人使用场地设施和器材提供必要帮扶，解决老年人运用体育智能技术困难问题。营造无障碍体育环境，为残疾人参与全民健身运动提供便利。

（二十）培养终身运动者。实施青少年体育活动促进计划，让每个青少年较好掌握 1 项以上运动技能，培育运动项目人口。开齐开足上好体育课，鼓励基础教育阶段学校每天开设 1 节体育课。支持体校、体育俱乐部进入学校、青少年宫开设公益性课后体育兴趣班。支持学校、青少年宫和社会力量合作创建公益性体育俱乐部。

（二十一）提高职工参与度。按职业类型制定健身指导方案。发挥领导干部带动作用，组织开展各类健身活动。鼓励机关、企事业单位配备健身房和健身器材。发挥工会作用，鼓励工会每年组织各类健身活动，并将此纳入工会考核内容。鼓励按照《基层工会经费收支管理办法》规定，使用工会经费为职工购买健身服务。

七、提高全民健身标准化科学化水平

（二十二）完善全民健身公共服务标准体系。制定全民健身基本公共服务国家标准并动态更新。健全全民健身场地设施、器材装备等标准。修订镇域、城市公共体育设施规划标准。研究制定城市公共体育场、体育馆、游泳馆建设标准。加强运动技能、赛事活动、体育教育培训等体育服务领域标准制定修订。建立健全全民健身公共服务统计监测制度。

（二十三）提高健身运动专业化水平。修订《社会体育指导员管理办法》，发展公益社会体育指导员队伍，指导其依法开展健身志愿服务活动。推动持有职业资格证书的社会体育指导员与教练员职业发展贯通，完善群众体育教练员职称评审标准。深入实施《国家体育锻炼标准》。完善《全民健身指南》。

（二十四）深化体卫融合。制定实施运动促进健康行动计划。建立体卫融合重点实验室。鼓励有条件的医疗机构加强以体育运动康复为特色的专科能力建设。推动国民体质监测站点与医疗卫生机构合作，推广常见慢性病运动干预项目和方法，倡导"运动是良医"理念。

八、营造人人参与体育锻炼的社会氛围

（二十五）普及全民健身文化。将全民健身理念和知识融入义务教育教材。打

造一批科学健身传播平台，加大全民健身公益广告创作和投放力度。发挥体育明星正能量，弘扬中华体育精神。实施体育文化创作精品工程。加强体育非物质文化遗产保护。

（二十六）强化全民健身激励。向国家体育锻炼标准和体育运动水平等级标准达标者颁发证书。鼓励有条件的地方发放体育消费券。建立第三方评估机制，定期发布全民健身城市活力指数。

（二十七）开展全民健身国际交流。以2022年北京冬奥会、冬残奥会等国际赛事为契机，加强全民健身领域国际交流合作。与共建"一带一路"国家搭建合作平台，共同举办群众性体育赛事。加强中华传统体育活动国际交流，支持中华传统体育项目走出去。

九、保障措施

（二十八）加强组织领导。加强党对全民健身工作的领导，发挥国务院全民健身工作部际联席会议作用，着力构建更高水平的全民健身公共服务体系。县级以上政府要将全民健身公共服务体系建设纳入经济社会发展规划，作为一项重要民生实事定期专题研究。

（二十九）注重因地制宜。各地要实事求是提出发展目标，因地制宜选择全民健身发展路径，既坚持一定标准，又防止好高骛远，做到各项指标和政策贴近实际、务实管用。开展全民健身公共服务体系建设重点推进城市创建工作。

（三十）完善支撑条件。支持体育院校加强体育管理、社会体育、休闲体育等相关专业建设。加强冰雪运动等紧缺领域教练员培养。中央财政统筹利用一般公共预算和政府性基金预算等渠道，发挥中央预算内投资的引导和撬动作用。地方财政综合运用中央对地方有关转移支付资金和自有财力，完善支持政策。制定政府购买全民健身公共服务的办法及实施细则。积极吸引社会力量参与，支持有意愿的房地产企业以及健康养老、文化旅游等社会资本投资全民健身。

（三十一）强化法治保障。加快修订《中华人民共和国体育法》。研究修订《全民健身条例》。研究制定体育市场管理条例、公共体育设施管理办法。完善地方体育行政执法工作机制，将适当事项纳入同级综合执法范畴。健全体育仲裁、监管和信息公开等制度。

（三十二）加强督促落实。国家发展改革委、体育总局牵头对本意见实施情况进行跟踪监测，重大问题及时向党中央、国务院请示报告。各地要根据本意见要求，建立工作落实机制，及时分解任务分工，确保各项任务落到实处、见到实效。

附录六：教育部、体育总局、中国足球协会关于印发《中国青少年足球联赛赛事组织工作方案（2022—2024年）》的通知

足球字〔2022〕199号

各省、自治区、直辖市教育厅（教委）、体育行政部门、足球协会，新疆生产建设兵团教育局、体育行政部门、足球协会，有关城市教育局、体育行政部门、足球协会：

为贯彻落实《中国足球改革发展总体方案》和《关于深化体教融合 促进青少年健康发展的意见》有关精神和要求，经国务院批准，现将教育部、体育总局、中国足球协会共同研究制定的《中国青少年足球联赛赛事组织工作方案（2022—2024年）》印发给你们，请认真贯彻执行。

教育部 体育总局 中国足球协会

2022年6月1日

中国青少年足球联赛赛事组织工作方案

教育部、体育总局、中国足协

（2022—2024年）

为贯彻落实《中国足球改革发展总体方案》（以下简称《总体方案》）和《关于深化体教融合促进青少年健康发展的意见》有关精神，经研究，现制定《中国青少年足球联赛赛事组织工作方案（2022—2024年）》。

一、中国青少年足球联赛的定位

中国青少年足球联赛是落实《总体方案》和体教融合要求，实现青少年足球人口大幅增加，培养全面发展的优秀足球人才，是我国覆盖面最广、参与人数最多、竞技水平最高、社会影响力最大的青少年足球顶级赛事，在赛历编制、人员参赛、赛事转播等方面给予优先保障。主要由地方预选赛和全国总决赛组成。

赛事面向全体青少年，打破参赛壁垒，兼顾普及与提高，分为小学、初中、高

中、大学四个年龄段部分，根据不同年龄段特点，安排符合青少年身心发展和足球人才培养规律的赛制。体校代表队、学校代表队、俱乐部青训梯队、社会青训机构等球队均可自由参赛，不设任何参赛限制。通过中国青少年足球联赛，对发现、选拔的优秀青少年足球人才进行提高性训练，为各年龄段国家队输送优秀人才。

为满足不同青少年球队更多参赛需求，可适当保留观赏性强、知名度高的品牌赛事，如全国青少年校园足球联赛和夏令营、全国体校杯足球赛、中国足协青少年足球锦标赛。同时，整合取消中国中学生足球协会杯、中国高中足球锦标赛、中国大学生足球协会杯、中国大学生足球联赛、中国足协青少年超级联赛、中国足协青少年社会品牌赛事等，并不断创新方式、推动融合。

二、中国青少年足球联赛的组织机构及职能

中国青少年足球联赛的指导单位为教育部、体育总局，主办单位为中国足协。教育部、体育总局履行中国青少年足球联赛的宏观指导、统筹协调、监督管理等职责和任务，中国足协具体负责赛事的组织实施工作。

中国青少年足球联赛设立赛事办公室，设在中国足协。办公室主任由中国足协主席担任，办公室成员由教育部、体育总局、中国足协选派，负责竞赛方案制定解释、竞赛工作组织、规章制度制定和优秀球员选拔等各项工作。具体设置如下。

中国青少年足球联赛赛事办公室

主　　　任：陈戌源　中国足协主席

副 主 任：王登峰　教育部体卫艺司司长

　　　　　王立伟　体育总局青少司司长

执行副主任：高洪波　中国足协副主席

执行秘书：乔岱虎　中国足协男足青训部部长

成　　　员：中国足协相关部门、教育部体卫艺司相关人员、体育总局青少司相关人员

中国青少年足球联赛赛事办公室主要职责：

（一）制定中国青少年足球联赛方案。

（二）负责赛程编排、竞赛报名、赛事执行等竞赛组织工作。

（三）制定赛事各项规章制度。

（四）负责优秀青少年球员选拔等相关工作。

（五）负责与全国各地中国青少年足球联赛组委会具体对接。

（六）赛风赛纪管理工作。

（七）商务开发与经费使用工作。

各地方（省、自治区、直辖市、新疆生产建设兵团，中国足协城市会员协会所在城市）参照"中国青少年足球联赛组织机构"进行设立，并具体负责竞赛方案制定、竞赛工作组织、规章制度制定和优秀球员选拔等各项工作。

三、中国青少年足球联赛竞赛设计基本原则

（一）落实《总体方案》，贯彻体教融合要求，以青少年球员健康发展为总体目标，保证青少年球员文化学习，坚持文化教育与专业训练并重，培养德智体美劳全面发展的社会主义建设者和接班人。

（二）摒弃锦标主义，面向人人，普及与提高相结合，打破参赛壁垒，充分扩大青少年参与足球人口数量，夯实中国足球发展根基。

（三）根据地方实际情况，因地制宜安排比赛时间和地点，推动地方青少年赛事发展，逐步建立稳定、长期、多层级的地方青少年竞赛体系。地方赛事与全国赛事有序协调，互不影响和冲突。

（四）处理好训练与比赛的关系，按照《中国足球协会青少年训练大纲》要求，不断提升训练质量和比赛质量，切实发挥比赛效果。通过比赛选拔优秀人才，建立青少年球员数据库，为各级国家队组建奠定坚实基础。

四、中国青少年足球联赛的赛制

中国青少年足球联赛的竞赛组成根据参赛年龄段分为四个部分，设置男、女共十八个组别，分别是男子、女子小学年龄段 U8-U12 共十个组；男子初中年龄段 U13、U15 组；男子高中年龄段 U17 组；女子初、高中年龄段 U13、U15、U17 组；男子大学年龄段 U19 组、女子大学年龄段组（各组别竞赛方案详见附件）。

中国青少年足球联赛全国总决赛是中国青少年足球联赛最高阶段的赛事，参赛球队通过地方预选赛产生。全国总决赛的比赛由中国青少年足球联赛赛事办公室具体组织，地方预选赛的比赛由地方组织机构具体组织。

地方预选赛根据各地实际情况组织开展，队伍总数及名额分配等由各地方组织机构根据本地实际情况确定。现有赛事中满足全面融合、不设壁垒原则的赛事可以直接作为预选赛，不需要另行举办。

五、中国青少年足球联赛奖励机制

按照不低于其他青少年足球赛事标准，建立荣誉表彰、奖金激励、资格评定、

选拔入库等奖励机制体系。设立球队名次奖、球员个人奖等，相应授予奖杯、奖牌。研究发放一次性奖金，范围、数额等具体标准由赛事办公室研究确定。允许一定比例的优秀球员参加运动员技术等级评定，由教育、体育部门按照《运动员技术等级标准》制定统一标准并共同评定。建立优秀球员档案库，为各级国家队选材提供人才支撑。要发挥奖励机制带动作用，坚持公平公正公开，防止暗箱操作，确保奖励结果经得起各方检验，调动更多青少年积极参与，提升赛事吸引力。

六、中国青少年足球联赛的组织实施要求

（一）各中国青少年足球联赛组织方要切实贯彻落实《总体方案》和体教融合要求，将思想和行动统一到中国青少年足球发展大局中，加强沟通协调配合，为广大青少年提供优质比赛环境。各参赛单位、个人应认真履行赛风赛纪要求，积极备战参赛，赛出风格赛出水平，为中国足球培养优秀的人才。

（二）组织中国青少年足球联赛工作中，应加强活动安全管理，防范和遏制事故的发生。各组织单位应切实提高政治站位，牢固树立以人民为中心的发展思想，压实赛事活动安全监管责任，制定针对性强、便于操作、科学合理的安全风险防控和应急救助预案，建立一体化安全责任体系，确保中国青少年足球联赛安全有序。

（三）各中国青少年足球联赛组织方应提高安全综合保障能力和落实常态化疫情防控要求，确保医务人员（站）配备，为参赛青少年购买保险，提升食宿卫生、交通安全、天气预警等综合保障水平。

（四）落实常态化新冠肺炎疫情防控要求的基础上，各中国青少年足球联赛组织方适当考虑家长、球迷的观赛需求，组织落实好观赛组织工作。同时，通过媒体转播和宣传平台，营造积极向上的中国青少年足球联赛氛围。

附录七：《体育总局 中央编办 教育部 人力资源社会保障部 关于在学校设置教练员岗位的实施意见》

体人规字〔2023〕3 号

各省、自治区、直辖市、计划单列市、新疆生产建设兵团体育行政部门、编办、教育厅（教委）、人力资源社会保障厅（局）：

为深入贯彻落实中共中央办公厅、国务院办公厅《关于全面加强和改进新时代学校体育工作的意见》（中办发〔2020〕36 号）和《体育总局 教育部关于印发深化体教融合 促进青少年健康发展意见的通知》（体发〔2020〕1 号）精神，进一步加强学校体育工作，促进青少年健康成长，厚植国家竞技体育后备人才基础，现就在学校设置教练员岗位有关工作提出如下实施意见。

一、指导思想

以习近平新时代中国特色社会主义思想为指导，全面贯彻党的教育方针，以服务学生全面发展、增强综合素质为目标，坚持健康第一的教育理念，通过在学校工作的教练员（以下简称"学校教练员"）加强学校体育工作力量，提升青少年体育锻炼质量和水平，帮助青少年享受乐趣、增强体质、健全人格、锤炼意志，助力教育强国、体育强国、健康中国建设，培养德智体美劳全面发展的社会主义建设者和接班人。

二、适用范围

本意见适用于义务教育阶段学校、普通高中、职业院校、普通高校。

三、岗位设置

学校可根据工作实际，设立专（兼）职教练员岗位。有条件的地区可以通过购买服务方式，与相关专业机构等社会力量合作向学校提供体育教育教学服务，缓解体育师资不足问题。确有必要设立专职教练员岗位的学校，在核定的编制和专业技术岗位总量及结构比例内设置，专岗专用，纳入专业技术岗位进行管理。

学校主管部门可对所管理学校的教练员岗位统筹设置，统一管理使用。

各地人力资源社会保障部门应在专业技术岗位总量及结构比例方面给予支持。

四、岗位职责

学校教练员按照学校体育工作计划，发挥专业特长，参与体育教学和训练工作。主要承担学生体育运动专项技能、体能训练和体育后备人才选育工作，承担学校体育赛事活动组织、学校运动队训练竞赛管理、运动损伤防护康复等知识技能传授，以及学校体育社团、体育俱乐部的建设管理等工作。

五、职称体系

学校教练员的职称层级、岗位等级和评价标准按照《人力资源社会保障部 体育总局关于深化体育专业人员职称制度改革的指导意见》（人社部发〔2020〕76号）有关规定执行。学校教练员执教期间，学生体质和运动能力提升情况、体育后备人才培养情况、学校体育赛事活动组织情况、学校体育社团管理情况等，均可作为其职称评审有效业绩。

六、任职条件

学校教练员应具备以下基本条件：

（一）具有良好的思想政治素质和道德品质，遵纪守法，遵守职业道德规范，身心健康，举止文明。

（二）热爱教育事业，为人师表，关爱学生，遵循教育规律和学生成长规律。

（三）热爱体育事业，了解相应运动项目的竞赛规程及裁判规则，熟悉相应年龄段学生的运动生理、心理特点。

各地结合实际制定具体的岗位任职条件，严把入口关。

七、岗位聘用

（一）学校按现有规定程序要求制定学校教练员岗位设置实施方案，根据按需设岗、公开招聘、择优聘用的原则，开展岗位聘用工作。

（二）各地可拿出一定数量的学校教练员岗位面向取得一级及以上运动员技术等级的退役运动员公开招聘。

（三）体育部门负责做好退役运动员转型学校教练员培训工作，教育部门在学校教练员入职后加强思想政治、职业道德和教学培训，提高教育教学能力水平。

（四）学校教练员在取得教师资格后可按规定转任体育教师，体育教师在取得教练员职称后可按规定转任学校教练员。

八、组织实施

（一）加强领导，协调推进

在学校设置教练员岗位是对学校体育工作力量的有力加强，是体教融合的重要举措，事关青少年身心健康和全面发展。各地要高度重视，加强组织领导。各级机构编制、教育、人力资源社会保障、体育等部门要提高认识，凝聚共识，分工协作，共同支持保障，形成推进合力。

（二）立足实际，积极探索

各地可根据本意见研究制定实施细则，鼓励各地先行先试，积极探索，制定符合本地实际的学校体育工作机制和学校教练员职称评价标准体系。

体育总局 中央编办 教育部 人力资源社会保障部

2023 年 1 月 16 日

参考文献

----

[1] 邱林, 王家宏. 国家治理现代化进程中校园足球体制革新的价值导向与现实路径 [J]. 上海体育学院学报, 2018, 42 (4): 19-25.

[2] MA Y, KURSCHEIDT M. Governance of the Chinese Super League: A struggle between governmental control and market orientation [J]. Sport, Business and Management: An International Journal, 2019, 9 (1): 4-25.

[3] PENG Q, SKINNER J, HOULIHAN B. An analysis of the Chinese football reform of 2015: Why then and not earlier [J]. International Journal of Sport Policy and Politics, 2019, 11 (1): 1-18.

[4] HU X, HENRY I. Reform and maintenance of JuguoTizhi: Governmental management discourse of Chinese elite sport [J]. European Sport Management Quarterly, 2017, 17 (4): 531-553.

[5] FAN H, WU P, XIONH H. Beijing ambitions: An analysis of the Chinese elite sport system and its Olympic strategy for the 2008 Olympic Games [J]. The International Journal of the History of Sport, 2005, 22 (4): 510-529.

[6] 王凯. 新时代体育治理体系与治理能力现代化建设的政府责任: 基于元治理理论和体育改革实践的分析 [J]. 体育科学, 2019, 39 (1): 12-19.

[7] FURUBOTNE G, RICHTER R. Institutions and economic theory: The contribution of the new institutional economics [M]. Ann Arbor: University of Michigan Press, 1997: 542.

[8] GÖBEL E. Neue Institutionenökonomik: Konzeption und Betriebswirtschaftliche Anwendungen [M]. Stuttgart: Lucius&Lucius, 2002: 400.

[9] GRANVOGL H, PERRIDON L. Sozioökonomie [M]. Munich, Wien: Oldenbourg, 1985: 286.

普通高校高水平运动队训练与管理教程

［10］KURSCHEIDT M, DEITERSEN-WIEBER A. Sport governance in Germany ［M］//SOBRY C. Sport governance in the world: A socio-historic approach. Pairs: Editions Le Manuscrit, 2011: 259-306.

［11］VARIAN H R. Microeconomic analysis ［M］. New York and London: Norton, 1992.

［12］KURSCHEIDTM, KLEINM-L, DEITERSEN-WIEBER A. A socioeconomic approach to sports: Lessons from fitness and event markets ［J］. European Journal of Sport Science, 2003, 3 (3): 1-10.

［13］THEODORAKI E. Sport management reform, national competitiveness and Olympic glory in the People's Republic of China ［J］. Managing Leisure, 2004, 9 (4): 193-211.

［14］MUELLER D C. Public choice III ［M］. Cambridge: Cambridge University Press, 2003.

［15］ROSS S A. The economic theory of agency: The principal's problem ［J］. The American Economic Review, 1973, 63 (2): 134-139.

［16］WISEMAN R M, CUEVAS-RODRIGUEZ G, GOMEZ-MEJIA L R. Towards a social theory of agency ［J］. Journal of Management Studies, 2012, 49 (1): 202-222.

［17］AKERLOF G A. The market for "lemons": Quality uncertainty and the market mechanism ［J］. The Quarterly Journal of Economics, 1970, 84 (3): 488-500.

［18］SPENCE M. Job market signaling ［J］. The Quarterly Journal of Economics, 1973, 87 (3): 355-374.

［19］张琴, 易剑东, 董红刚. 动力、运行、约束: 体育治理机制探析 ［J］. 上海体育学院学报, 2017, 41 (5): 36-41.

［20］TAN T-C, et al. Xi Jin-Ping's World Cup dreams: From a major sports country to a world sports power ［J］. The International Journal of the History of Sport, 2016, 33 (12): 1449-1465.

［21］网易体育. 全运会击剑赛老将当道 为练新人世锦赛仍派小将 ［EB/OL］. ［2019-03-10］. http://sports. 163.com/09/0924/16/5K06SE1B00051CAQ.html.

［22］ZHENG J, CHEN S, TAN T-C, et al. Sport policy in China (Mainland) ［J］. International Journal of Sport Policy and Politics, 2018, 10 (2): 469-491.

［23］谢杰. 贪污贿赂犯罪治理的制度优化与规则补充: 基于对最新司法解释的法律与经济双面向反思 ［J］. 政治与法律, 2016, 6: 30-42.

[24] 茅鹏. 从国家体育总局回应第 13 届全运会规程出错是因"工作人员疏忽导致的"谈起 [J]. 体育学刊, 2015, 22 (2): 17-22.

[25] 马德浩. 新时代我国高校体育发展的使命、挑战与对策 [J]. 体育学刊, 2018, 25 (5): 5-12.

[26] 左庆生. 体育管理学 [M]. 北京: 北京师范大学出版社, 2018.

[27] 肖林鹏. 体育管理学 [M]. 北京: 北京师范大学出版社, 2017.

[28] 刘兵. 新编体育管理学教程 [M]. 上海: 复旦大学出版社, 2016.

[29] 王德炜. 体育管理学: 原理与方法 [M]. 北京: 人民体育出版社, 2009.

[30] 朱仁显. 公共事业管理概论 [M]. 3 版. 北京: 中国人民大学出版社, 2019.

[31] 王曙光, 刘海涛. 公共事业管理学 [M]. 北京: 中国财富出版社, 2014.

[32] 苗丽静. 公共事业管理新论 [M]. 北京: 清华大学出版社, 2014.

[33] 陈振明. 公共管理学 [M]. 2 版. 北京: 中国人民大学出版社, 2017.

[34] 张成福. 公共管理学 (修订版) [M]. 北京: 中国人民大学出版社, 2008.

[35] 王乐夫, 蔡立辉. 公共管理学 (精编版) [M]. 北京: 中国人民大学出版社, 2012.

[36] 宋元武. 公共事业管理概论导引与案例 [M]. 北京: 经济科学出版社, 2017.

[37] 徐双敏. 公共事业管理概论 [M]. 2 版. 北京: 北京大学出版社, 2013.

[38] 张宏, 陈华. 休闲体育管理 [M]. 北京: 中国人民大学出版社, 2015.

[39] 韩开成. 体育管理学 [M]. 重庆: 重庆大学出版社, 2019.

[40] 胥万兵. 从体育管理到体育治理的内在困境与路径选择 [J]. 成都体育学院学报, 2019 (2): 49-54.

[41] 韦德宏, 王家宏, 尚志强. 我国政府竞技体育管理职能存在的问题及解决措施 [J]. 西安体育学院学报, 2017 (1): 27-33, 81

[42] 刘春华, 张立, 邵雪梅, 等. 我国体育管理体制改革探索 [J]. 体育文化导刊, 2014 (3): 1-4.

[43] 郑汉山. 中国体育管理体制改革研究综述 [J]. 武汉体育学院学报, 2012 (11): 12-16.

[44] 王志文, 张瑞林. 全国性单项体育协会脱钩后内部治理的完善: 基于中国足协的实证考察 [J]. 天津体育学院学报, 2020 (2): 195-201.

[45] 黄亚玲, 我国单项体育协会的软法之治 [J]. 体育科学, 2020 (2): 15-23.